발랄하게 낳으리라!

분노 해소 일지

분노의 임신일기 01 특별 선물

분노 해소 일지 적는 법
: 오늘 하루 동안 분노했던 모든 것을 분노 해소 일지로 읽어봅시다!

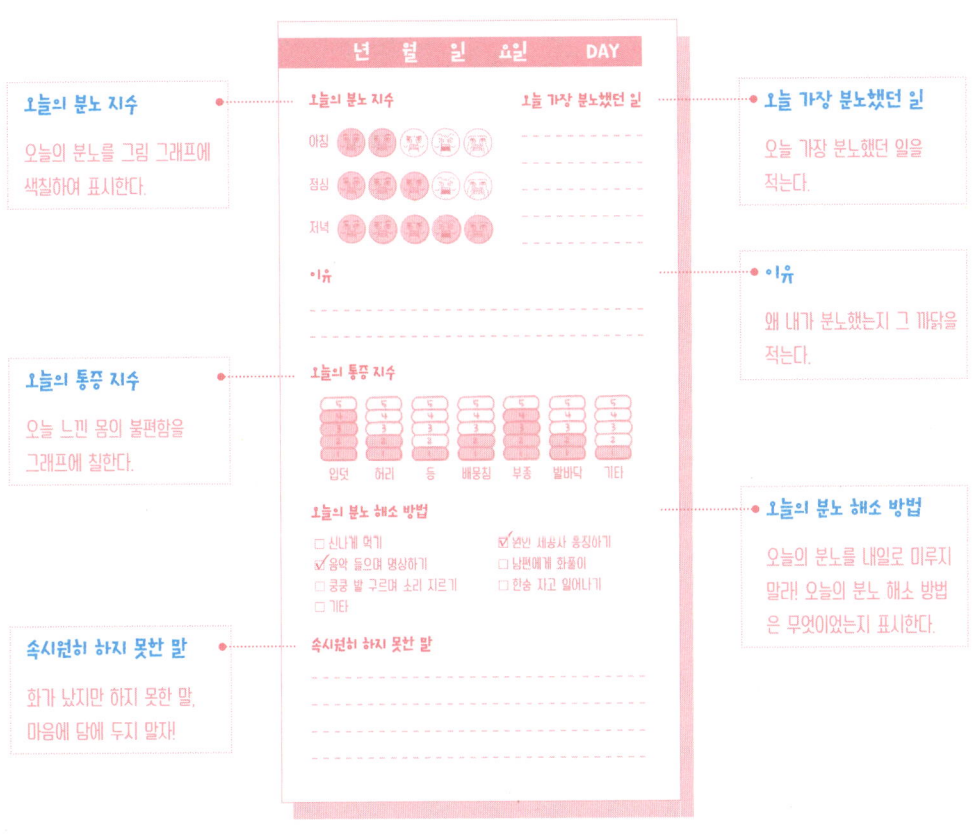

오늘의 분노 지수
오늘의 분노를 그림 그래프에 색칠하여 표시한다.

오늘의 통증 지수
오늘 느낀 몸의 불편함을 그래프에 칠한다.

속시원히 하지 못한 말
화가 났지만 하지 못한 말, 마음에 담에 두지 말자!

오늘 가장 분노했던 일
오늘 가장 분노했던 일을 적는다.

이유
왜 내가 분노했는지 그 까닭을 적는다.

오늘의 분노 해소 방법
오늘의 분노를 내일로 미루지 말래. 오늘의 분노 해소 방법은 무엇이었는지 표시한다.

| 년 | 월 | 일 | 요일 | DAY |

오늘의 분노 지수   오늘 가장 분노했던 일

아침 😠 😠 😠 😠 😠   - - - - - - - -

점심 😠 😠 😠 😠 😠   - - - - - - - -

저녁 😠 😠 😠 😠 😠   - - - - - - - -

이유

- -

- -

오늘의 통증 지수

5	5	5	5	5	5	5
4	4	4	4	4	4	4
3	3	3	3	3	3	3
2	2	2	2	2	2	2
1	1	1	1	1	1	1
입덧	허리	등	배뭉침	부종	발바닥	기타

오늘의 분노 해소 방법

☐ 신나게 먹기   ☐ 원인 제공자 응징하기
☐ 음악 들으며 명상하기   ☐ 남편에게 화풀이
☐ 쿵쿵 발 구르며 소리 지르기 ☐ 한숨 자고 일어나기
☐ 기타

속시원히 하지 못한 말

- -

- -

- -

- -

| 년 | 월 | 일 | 요일 | DAY |

오늘의 분노 지수   오늘 가장 분노했던 일

아침 😠 😠 😠 😠 😠   - - - - - - - -

점심 😠 😠 😠 😠 😠   - - - - - - - -

저녁 😠 😠 😠 😠 😠   - - - - - - - -

이유

- -

- -

오늘의 통증 지수

5	5	5	5	5	5	5
4	4	4	4	4	4	4
3	3	3	3	3	3	3
2	2	2	2	2	2	2
1	1	1	1	1	1	1
입덧	허리	등	배뭉침	부종	발바닥	기타

오늘의 분노 해소 방법

☐ 신나게 먹기   ☐ 원인 제공자 응징하기
☐ 음악 들으며 명상하기   ☐ 남편에게 화풀이
☐ 쿵쿵 발 구르며 소리 지르기 ☐ 한숨 자고 일어나기
☐ 기타

속시원히 하지 못한 말

- -

- -

- -

- -

| 년 | 월 | 일 | 요일 | DAY |

오늘의 분노 지수　　　　　　　오늘 가장 분노했던 일

아침 😐 😒 😠 😡 🤬　　　- - - - - - - - - -

점심 😐 😒 😠 😡 🤬　　　- - - - - - - - - -

저녁 😐 😒 😠 😡 🤬　　　- - - - - - - - - -

이유

- -

- -

오늘의 통증 지수

5	5	5	5	5	5	5
4	4	4	4	4	4	4
3	3	3	3	3	3	3
2	2	2	2	2	2	2
1	1	1	1	1	1	1
입덧	허리	등	배뭉침	부종	발바닥	기타

오늘의 분노 해소 방법

☐ 신나게 먹기　　　　　　☐ 원인 제공자 응징하기
☐ 음악 들으며 명상하기　　☐ 남편에게 화풀이
☐ 쿵쿵 발 구르며 소리 지르기　☐ 한숨 자고 일어나기
☐ 기타

속시원히 하지 못한 말

- -

- -

- -

- -

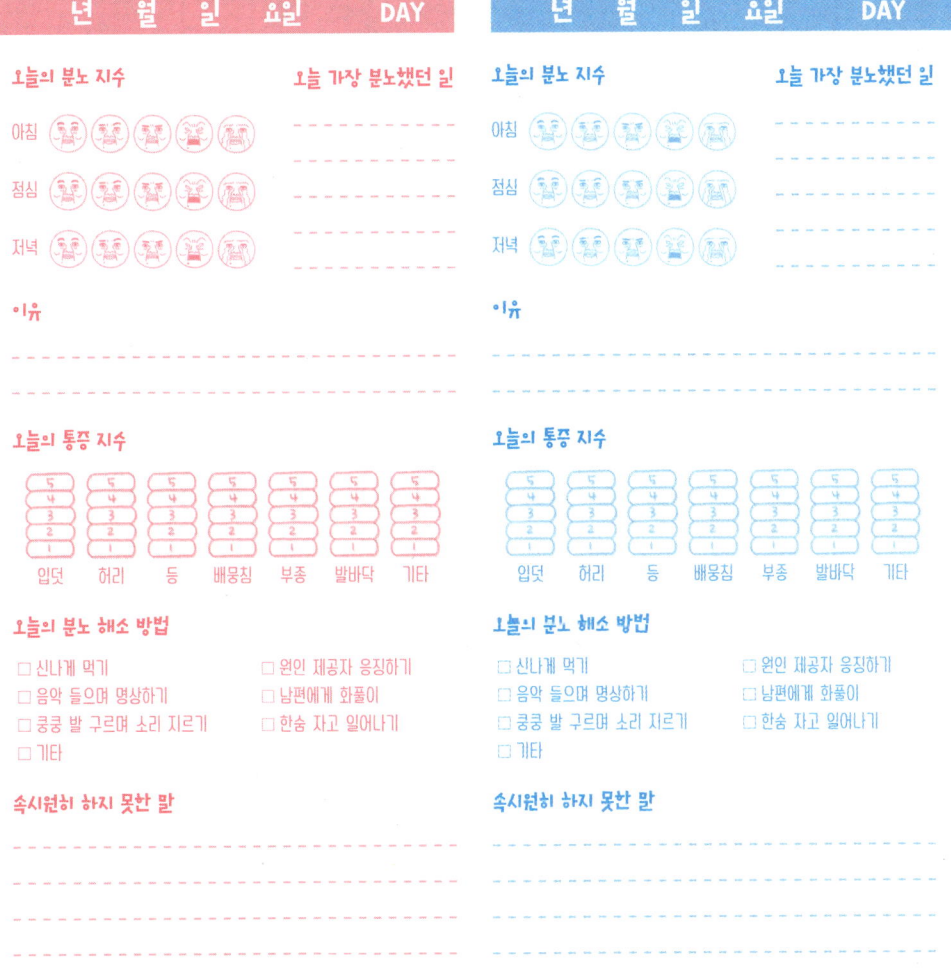

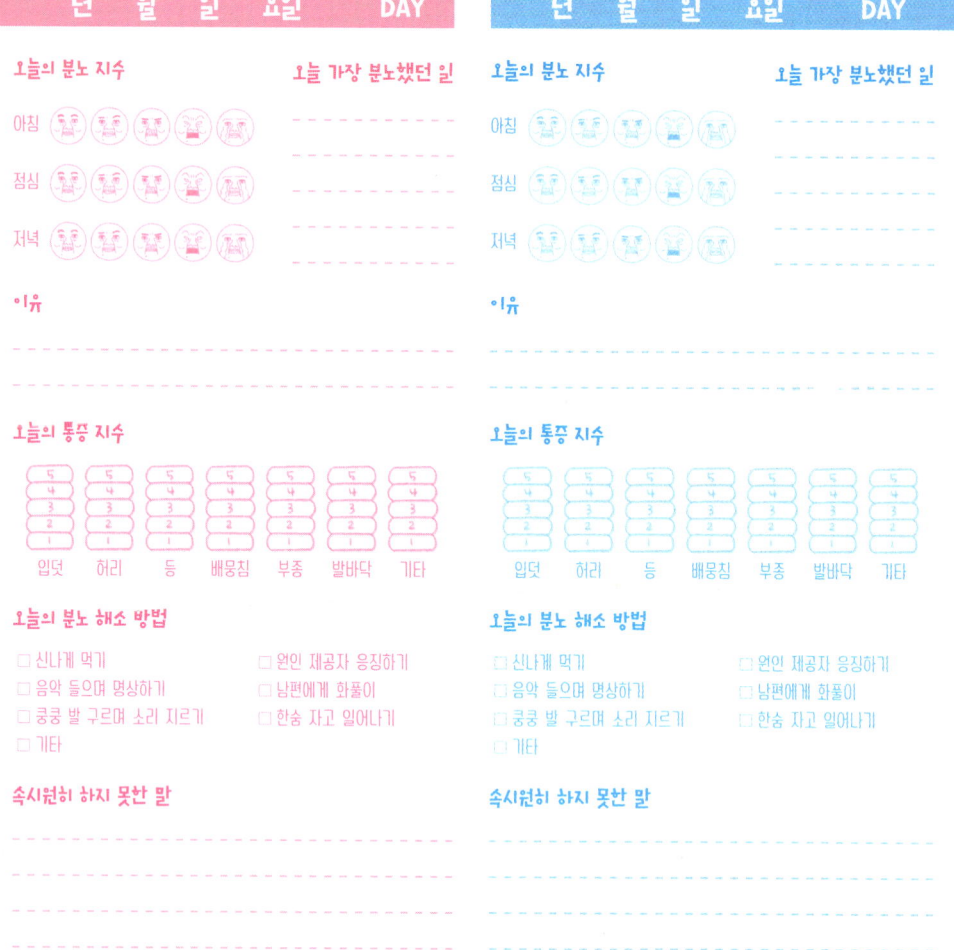

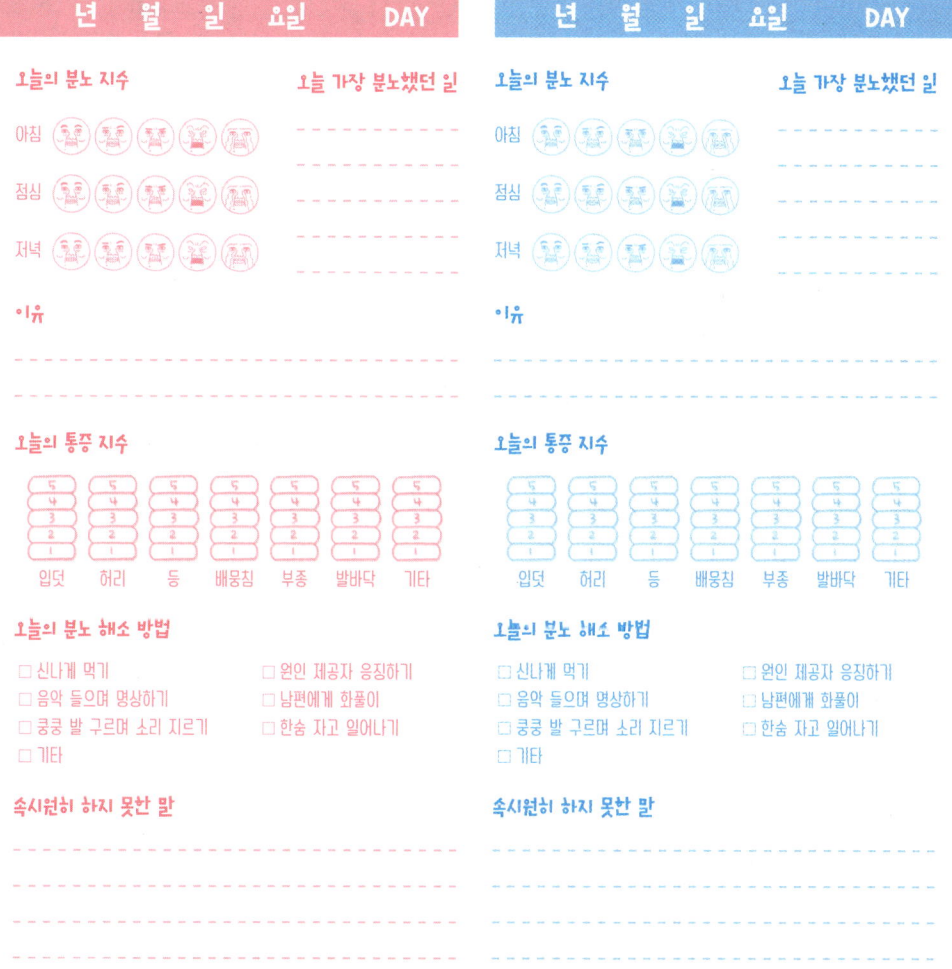

년 월 일 요일 DAY	년 월 일 요일 DAY
오늘의 분노 지수 오늘 가장 분노했던 일	**오늘의 분노 지수** 오늘 가장 분노했던 일

오늘의 분노 지수   오늘 가장 분노했던 일

아침 😀 😠 😡 🤬 😤

점심 😀 😠 😡 🤬 😤

저녁 😀 😠 😡 🤬 😤

이유

오늘의 통증 지수

입덧	허리	등	배뭉침	부종	발바닥	기타
5 4 3 2 1	5 4 3 2 1	5 4 3 2 1	5 4 3 2 1	5 4 3 2 1	5 4 3 2 1	5 4 3 2 1

오늘의 분노 해소 방법

☐ 신나게 먹기 ☐ 원인 제공자 응징하기
☐ 음악 들으며 명상하기 ☐ 남편에게 화풀이
☐ 쿵쿵 발 구르며 소리 지르기 ☐ 한숨 자고 일어나기
☐ 기타

속시원히 하지 못한 말

년 월 일 요일 DAY	년 월 일 요일 DAY

오늘의 분노 지수   오늘 가장 분노했던 일

아침 😠 😠 😠 😠 😠

점심 😠 😠 😠 😠 😠

저녁 😠 😠 😠 😠 😠

이유

오늘의 통증 지수

5	5	5	5	5	5	5
4	4	4	4	4	4	4
3	3	3	3	3	3	3
2	2	2	2	2	2	2
1	1	1	1	1	1	1
입덧	허리	등	배뭉침	부종	발바닥	기타

오늘의 분노 해소 방법

☐ 신나게 먹기   ☐ 원인 제공자 응징하기
☐ 음악 들으며 명상하기   ☐ 남편에게 화풀이
☐ 쿵쿵 발 구르며 소리 지르기 ☐ 한숨 자고 일어나기
☐ 기타

속시원히 하지 못한 말

오늘의 분노 지수   오늘 가장 분노했던 일

아침 😠 😠 😠 😠 😠

점심 😠 😠 😠 😠 😠

저녁 😠 😠 😠 😠 😠

이유

오늘의 통증 지수

5	5	5	5	5	5	5
4	4	4	4	4	4	4
3	3	3	3	3	3	3
2	2	2	2	2	2	2
1	1	1	1	1	1	1
입덧	허리	등	배뭉침	부종	발바닥	기타

오늘의 분노 해소 방법

☐ 신나게 먹기   ☐ 원인 제공자 응징하기
☐ 음악 들으며 명상하기   ☐ 남편에게 화풀이
☐ 쿵쿵 발 구르며 소리 지르기 ☐ 한숨 자고 일어나기
☐ 기타

속시원히 하지 못한 말

년	월	일	요일	DAY

오늘의 분노 지수   오늘 가장 분노했던 일

아침 😠 😠 😠 😠 😠   - - - - - - - - - - - - -

점심 😠 😠 😠 😠 😠   - - - - - - - - - - - - -

저녁 😠 😠 😠 😠 😠   - - - - - - - - - - - - -

이유
- -
- -

오늘의 통증 지수

5	5	5	5	5	5	5
4	4	4	4	4	4	4
3	3	3	3	3	3	3
2	2	2	2	2	2	2
1	1	1	1	1	1	1
입덧	허리	등	배뭉침	부종	발바닥	기타

오늘의 분노 해소 방법

☐ 신나게 먹기   ☐ 원인 제공자 응징하기
☐ 음악 들으며 명상하기 ☐ 남편에게 화풀이
☐ 쿵쿵 발 구르며 소리 지르기 ☐ 한숨 자고 일어나기
☐ 기타

속시원히 하지 못한 말
- -
- -
- -
- -

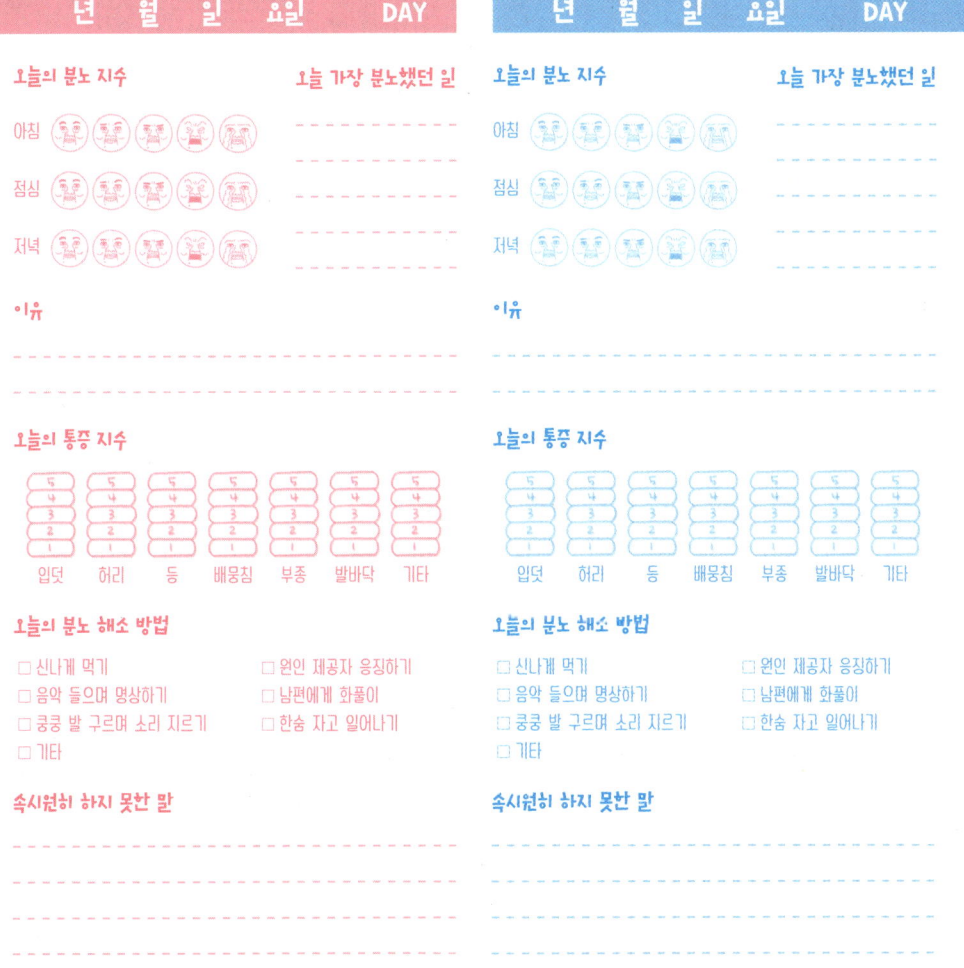

| 년 | 월 | 일 | 요일 | DAY |

오늘의 분노 지수   오늘 가장 분노했던 일

아침 😠 😠 😠 😠 😠

점심 😠 😠 😠 😠 😠

저녁 😠 😠 😠 😠 😠

이유

오늘의 통증 지수

5	5	5	5	5	5	5
4	4	4	4	4	4	4
3	3	3	3	3	3	3
2	2	2	2	2	2	2
1	1	1	1	1	1	1
입덧	허리	등	배뭉침	부종	발바닥	기타

오늘의 분노 해소 방법

☐ 신나게 먹기   ☐ 원인 제공자 응징하기
☐ 음악 들으며 명상하기   ☐ 남편에게 화풀이
☐ 쿵쿵 발 구르며 소리 지르기 ☐ 한숨 자고 일어나기
☐ 기타

속시원히 하지 못한 말

| 년 | 월 | 일 | 요일 | DAY |

오늘의 분노 지수   오늘 가장 분노했던 일

아침 😠 😠 😠 😠 😠

점심 😠 😠 😠 😠 😠

저녁 😠 😠 😠 😠 😠

이유

오늘의 통증 지수

5	5	5	5	5	5	5
4	4	4	4	4	4	4
3	3	3	3	3	3	3
2	2	2	2	2	2	2
1	1	1	1	1	1	1
입덧	허리	등	배뭉침	부종	발바닥	기타

오늘의 분노 해소 방법

☐ 신나게 먹기   ☐ 원인 제공자 응징하기
☐ 음악 들으며 명상하기   ☐ 남편에게 화풀이
☐ 쿵쿵 발 구르며 소리 지르기 ☐ 한숨 자고 일어나기
☐ 기타

속시원히 하지 못한 말

년 월 일 요일 DAY	년 월 일 요일 DAY
오늘의 분노 지수 **오늘 가장 분노했던 일**	**오늘의 분노 지수** **오늘 가장 분노했던 일**

오늘의 분노 지수

아침 😠 😠 😠 😠 😠

점심 😠 😠 😠 😠 😠

저녁 😠 😠 😠 😠 😠

오늘 가장 분노했던 일

이유

오늘의 통증 지수

5	5	5	5	5	5	5
4	4	4	4	4	4	4
3	3	3	3	3	3	3
2	2	2	2	2	2	2
1	1	1	1	1	1	1
입덧	허리	등	배뭉침	부종	발바닥	기타

오늘의 분노 해소 방법

☐ 신나게 먹기   ☐ 원인 제공자 응징하기
☐ 음악 들으며 명상하기   ☐ 남편에게 화풀이
☐ 쿵쿵 발 구르며 소리 지르기 ☐ 한숨 자고 일어나기
☐ 기타

속시원히 하지 못한 말

(동일 양식 반복)

오늘의 분노 지수

아침 😠 😠 😠 😠 😠

점심 😠 😠 😠 😠 😠

저녁 😠 😠 😠 😠 😠

오늘 가장 분노했던 일

이유

오늘의 통증 지수

5	5	5	5	5	5	5
4	4	4	4	4	4	4
3	3	3	3	3	3	3
2	2	2	2	2	2	2
1	1	1	1	1	1	1
입덧	허리	등	배뭉침	부종	발바닥	기타

오늘의 분노 해소 방법

☐ 신나게 먹기   ☐ 원인 제공자 응징하기
☐ 음악 들으며 명상하기   ☐ 남편에게 화풀이
☐ 쿵쿵 발 구르며 소리 지르기 ☐ 한숨 자고 일어나기
☐ 기타

속시원히 하지 못한 말

년 월 일 요일 DAY	년 월 일 요일 DAY
오늘의 분노 지수 오늘 가장 분노했던 일	**오늘의 분노 지수** 오늘 가장 분노했던 일

오늘의 분노 지수   오늘 가장 분노했던 일

아침 😠😠😠😠😠 ------------------

점심 😠😠😠😠😠 ------------------

저녁 😠😠😠😠😠 ------------------

이유

오늘의 통증 지수

5	5	5	5	5	5	5
4	4	4	4	4	4	4
3	3	3	3	3	3	3
2	2	2	2	2	2	2
1	1	1	1	1	1	1
입덧	허리	등	배뭉침	부종	발바닥	기타

오늘의 분노 해소 방법

☐ 신나게 먹기   ☐ 원인 제공자 응징하기
☐ 음악 들으며 명상하기   ☐ 남편에게 화풀이
☐ 쿵쿵 발 구르며 소리 지르기   ☐ 한숨 자고 일어나기
☐ 기타

속시원히 하지 못한 말

오늘의 분노 지수   오늘 가장 분노했던 일

아침 😠😠😠😠😠 ------------------

점심 😠😠😠😠😠 ------------------

저녁 😠😠😠😠😠 ------------------

이유

오늘의 통증 지수

5	5	5	5	5	5	5
4	4	4	4	4	4	4
3	3	3	3	3	3	3
2	2	2	2	2	2	2
1	1	1	1	1	1	1
입덧	허리	등	배뭉침	부종	발바닥	기타

오늘의 분노 해소 방법

☐ 신나게 먹기   ☐ 원인 제공자 응징하기
☐ 음악 들으며 명상하기   ☐ 남편에게 화풀이
☐ 쿵쿵 발 구르며 소리 지르기   ☐ 한숨 자고 일어나기
☐ 기타

속시원히 하지 못한 말

| 년 | 월 | 일 | 요일 | DAY |

오늘의 분노 지수   오늘 가장 분노했던 일

아침 😠 😠 😠 😠 😠   - - - - - - - - - - -

점심 😠 😠 😠 😠 😠   - - - - - - - - - - -

저녁 😠 😠 😠 😠 😠   - - - - - - - - - - -

이유
- -

- -

오늘의 통증 지수

5	5	5	5	5	5	5
4	4	4	4	4	4	4
3	3	3	3	3	3	3
2	2	2	2	2	2	2
1	1	1	1	1	1	1
입덧	허리	등	배뭉침	부종	발바닥	기타

오늘의 분노 해소 방법

□ 신나게 먹기   □ 원인 제공자 응징하기
□ 음악 들으며 명상하기   □ 남편에게 화풀이
□ 쿵쿵 발 구르며 소리 지르기 □ 한숨 자고 일어나기
□ 기타

속시원히 하지 못한 말

- -

- -

- -

- -

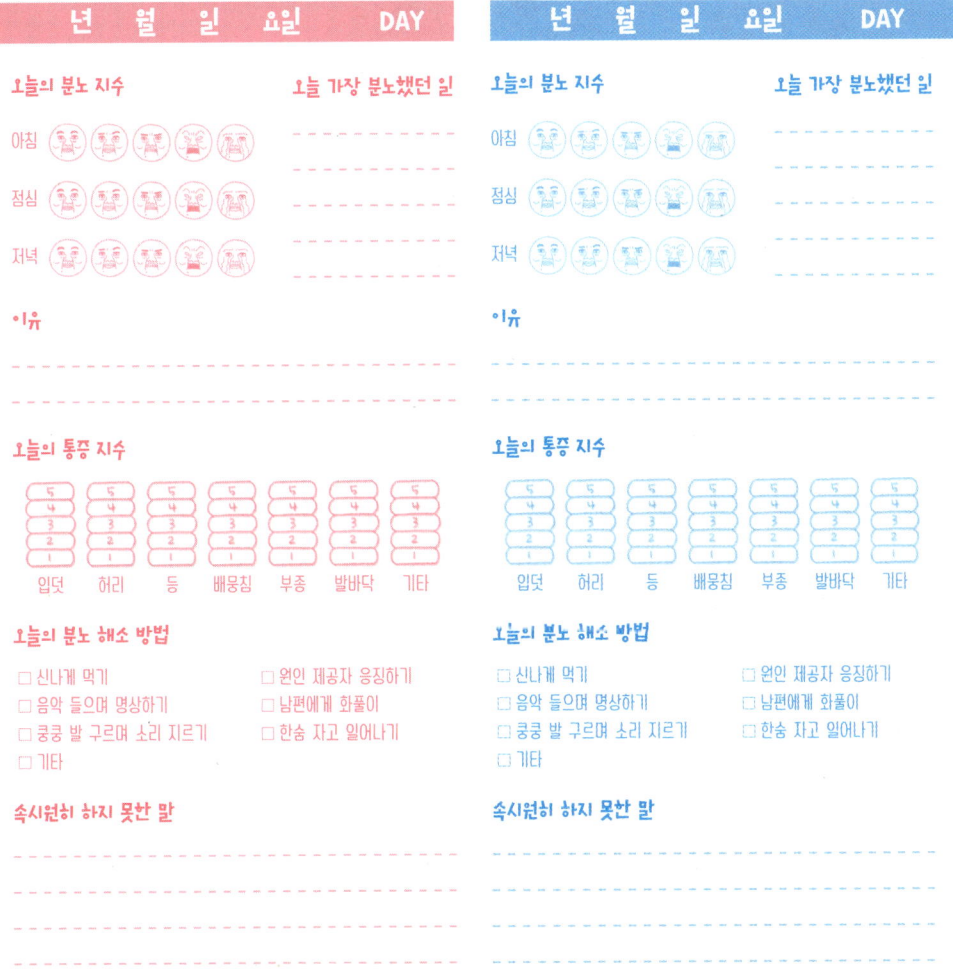

| 년 월 일 요일 DAY | 년 월 일 요일 DAY |

오늘의 분노 지수   오늘 가장 분노했던 일

아침 😠 😠 😠 😠 😠   ----------------

점심 😠 😠 😠 😠 😠   ----------------

저녁 😠 😠 😠 😠 😠   ----------------

이유

오늘의 통증 지수

5	5	5	5	5	5	5
4	4	4	4	4	4	4
3	3	3	3	3	3	3
2	2	2	2	2	2	2
1	1	1	1	1	1	1

입덧   허리   등   배뭉침   부종   발바닥   기타

오늘의 분노 해소 방법

☐ 신나게 먹기   ☐ 원인 제공자 응징하기
☐ 음악 들으며 명상하기   ☐ 남편에게 화풀이
☐ 쿵쿵 발 구르며 소리 지르기   ☐ 한숨 자고 일어나기
☐ 기타

속시원히 하지 못한 말

오늘의 분노 지수   오늘 가장 분노했던 일

아침 😠 😠 😠 😠 😠   ----------------

점심 😠 😠 😠 😠 😠   ----------------

저녁 😠 😠 😠 😠 😠   ----------------

이유

오늘의 통증 지수

5	5	5	5	5	5	5
4	4	4	4	4	4	4
3	3	3	3	3	3	3
2	2	2	2	2	2	2
1	1	1	1	1	1	1

입덧   허리   등   배뭉침   부종   발바닥   기타

오늘의 분노 해소 방법

☐ 신나게 먹기   ☐ 원인 제공자 응징하기
☐ 음악 들으며 명상하기   ☐ 남편에게 화풀이
☐ 쿵쿵 발 구르며 소리 지르기   ☐ 한숨 자고 일어나기
☐ 기타

속시원히 하지 못한 말

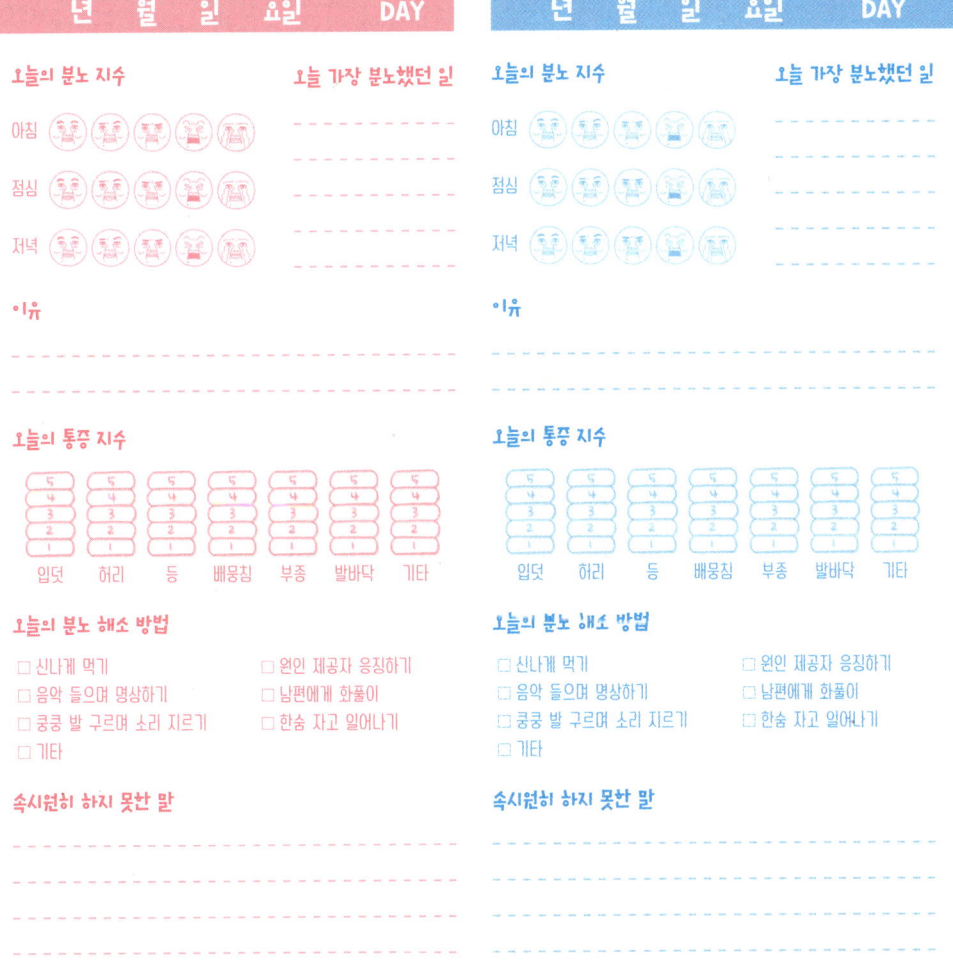

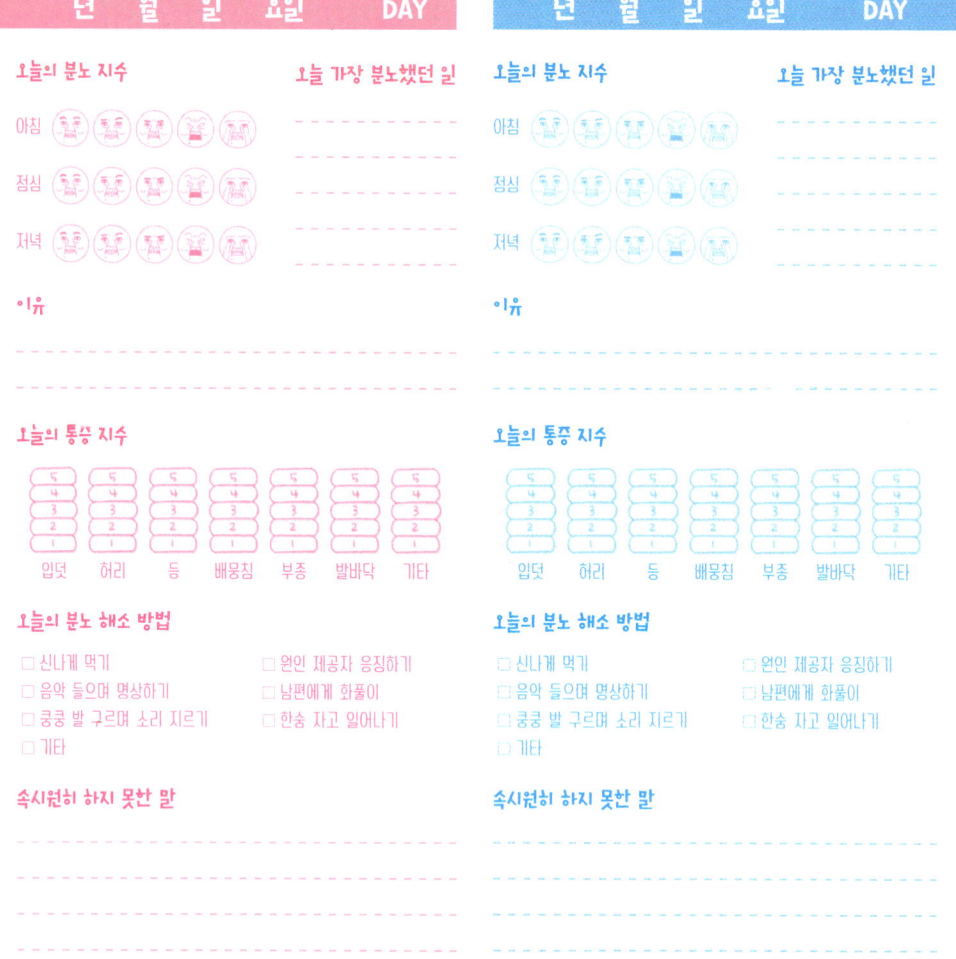

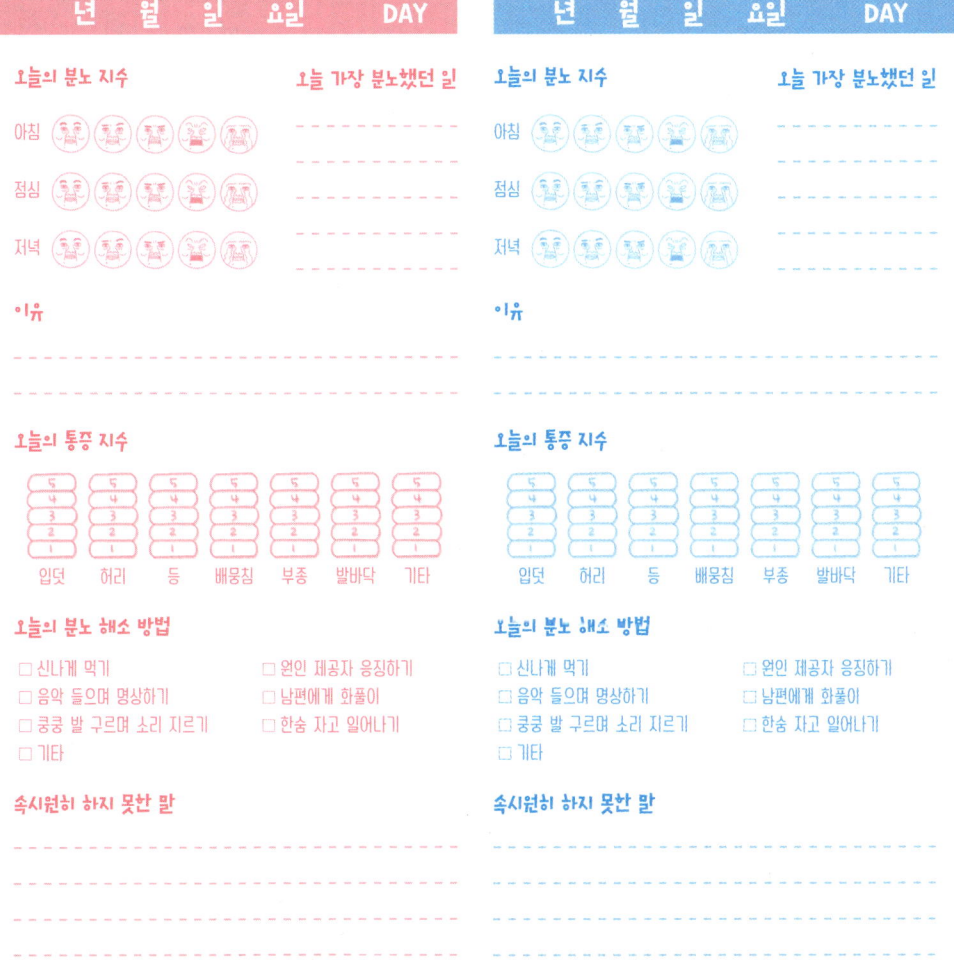

| 년 | 월 | 일 | 요일 | DAY |

오늘의 분노 지수

아침 😠 😠 😠 😠 😠

점심 😠 😠 😠 😠 😠

저녁 😠 😠 😠 😠 😠

오늘 가장 분노했던 일

- - - - - - - - - - - - - - - - -
- - - - - - - - - - - - - - - - -
- - - - - - - - - - - - - - - - -

이유

- -
- -

오늘의 통증 지수

5	5	5	5	5	5	5
4	4	4	4	4	4	4
3	3	3	3	3	3	3
2	2	2	2	2	2	2
1	1	1	1	1	1	1
입덧	허리	등	배뭉침	부종	발바닥	기타

오늘의 분노 해소 방법

- ☐ 신나게 먹기
- ☐ 음악 들으며 명상하기
- ☐ 쿵쿵 발 구르며 소리 지르기
- ☐ 기타
- ☐ 원인 제공자 응징하기
- ☐ 남편에게 화풀이
- ☐ 한숨 자고 일어나기

속시원히 하지 못한 말

- -
- -
- -
- -

| 년 | 월 | 일 | 요일 | DAY |

오늘의 분노 지수

아침 😠 😠 😠 😠 😠

점심 😠 😠 😠 😠 😠

저녁 😠 😠 😠 😠 😠

오늘 가장 분노했던 일

- - - - - - - - - - - - - - - - -
- - - - - - - - - - - - - - - - -
- - - - - - - - - - - - - - - - -

이유

- -
- -

오늘의 통증 지수

5	5	5	5	5	5	5
4	4	4	4	4	4	4
3	3	3	3	3	3	3
2	2	2	2	2	2	2
1	1	1	1	1	1	1
입덧	허리	등	배뭉침	부종	발바닥	기타

오늘의 분노 해소 방법

- ☐ 신나게 먹기
- ☐ 음악 들으며 명상하기
- ☐ 쿵쿵 발 구르며 소리 지르기
- ☐ 기타
- ☐ 원인 제공자 응징하기
- ☐ 남편에게 화풀이
- ☐ 한숨 자고 일어나기

속시원히 하지 못한 말

- -
- -
- -
- -

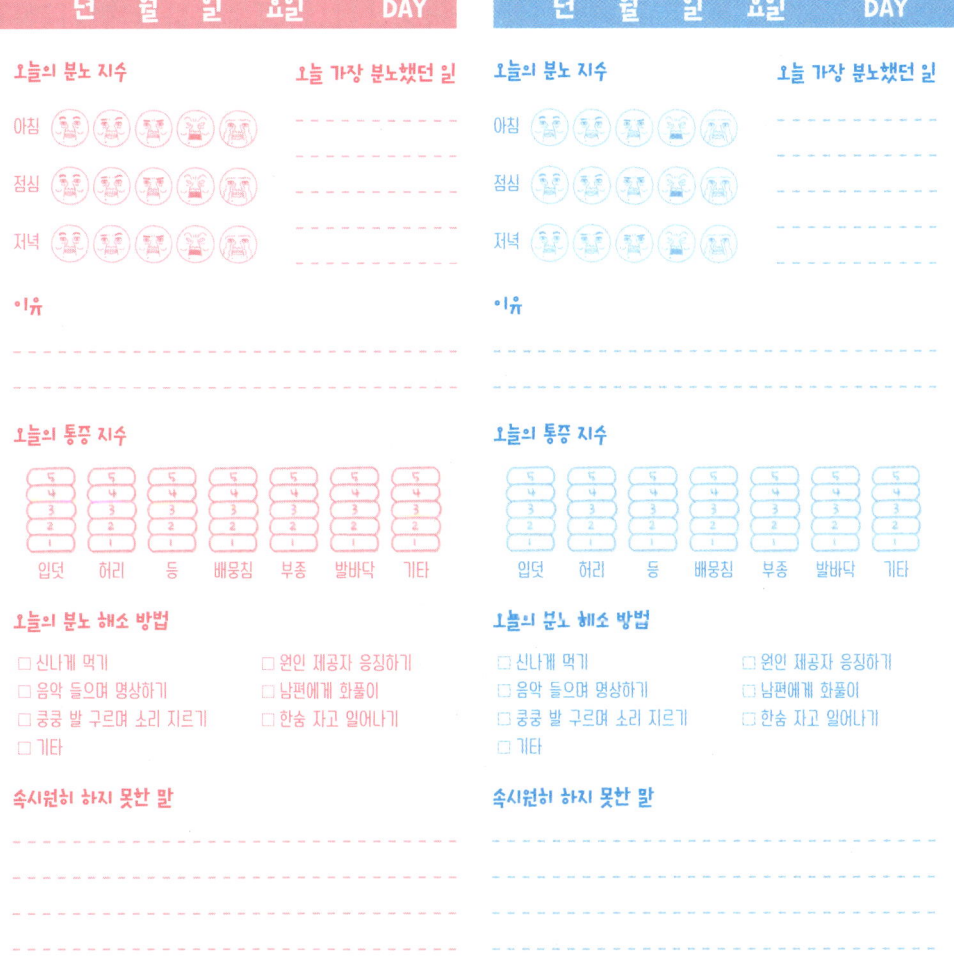

| 년 | 월 | 일 | 요일 | DAY |

오늘의 분노 지수

아침 😠 😠 😠 😠 😠

점심 😠 😠 😠 😠 😠

저녁 😠 😠 😠 😠 😠

오늘 가장 분노했던 일

- - - - - - - - - - - - -
- - - - - - - - - - - - -
- - - - - - - - - - - - -

이슈

- -
- -

오늘의 통증 지수

5	5	5	5	5	5	5
4	4	4	4	4	4	4
3	3	3	3	3	3	3
2	2	2	2	2	2	2
1	1	1	1	1	1	1
입덧	허리	등	배뭉침	부종	발바닥	기타

오늘의 분노 해소 방법

- ☐ 신나게 먹기
- ☐ 음악 들으며 명상하기
- ☐ 쿵쿵 발 구르며 소리 지르기
- ☐ 기타
- ☐ 원인 제공자 응징하기
- ☐ 남편에게 화풀이
- ☐ 한숨 자고 일어나기

속시원히 하지 못한 말

- -
- -
- -
- -

| 년 | 월 | 일 | 요일 | DAY |

오늘의 분노 지수

아침 😠 😠 😠 😠 😠

점심 😠 😠 😠 😠 😠

저녁 😠 😠 😠 😠 😠

오늘 가장 분노했던 일

- - - - - - - - - - - - -
- - - - - - - - - - - - -
- - - - - - - - - - - - -

이슈

- -
- -

오늘의 통증 지수

5	5	5	5	5	5	5
4	4	4	4	4	4	4
3	3	3	3	3	3	3
2	2	2	2	2	2	2
1	1	1	1	1	1	1
입덧	허리	등	배뭉침	부종	발바닥	기타

오늘의 분노 해소 방법

- ☐ 신나게 먹기
- ☐ 음악 들으며 명상하기
- ☐ 쿵쿵 발 구르며 소리 지르기
- ☐ 기타
- ☐ 원인 제공자 응징하기
- ☐ 남편에게 화풀이
- ☐ 한숨 자고 일어나기

속시원히 하지 못한 말

- -
- -
- -
- -

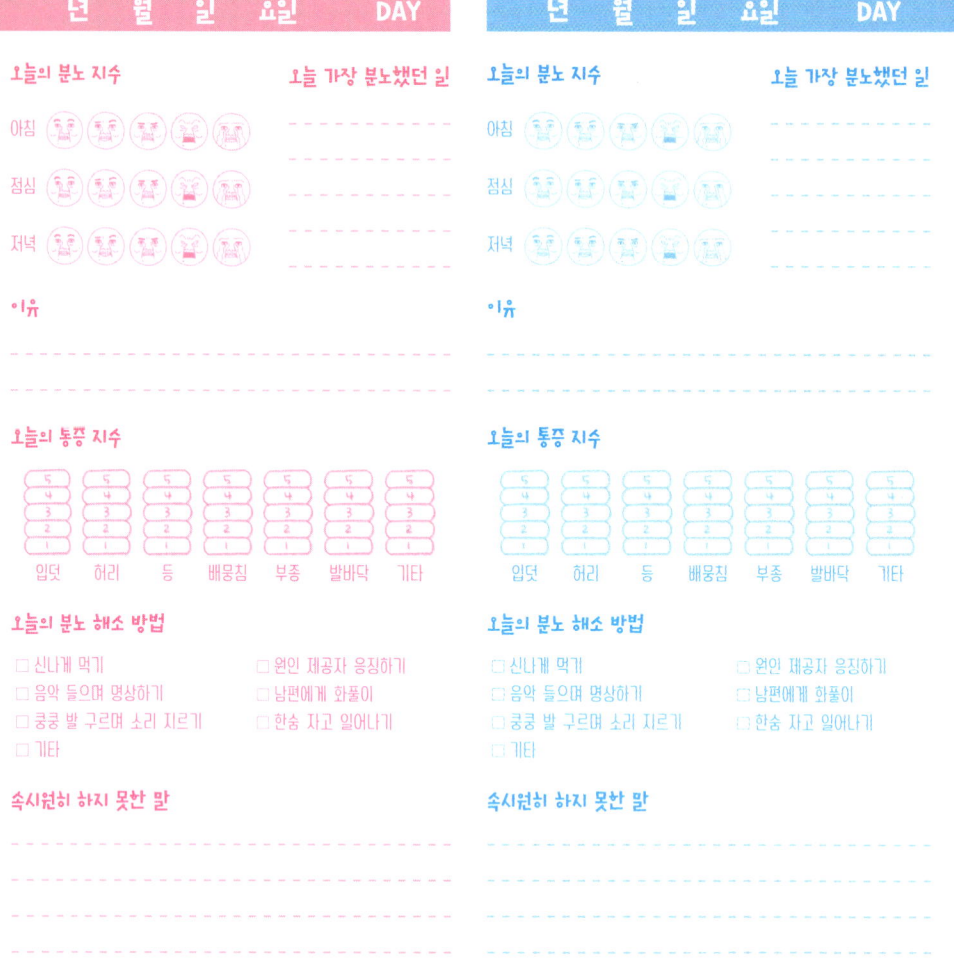

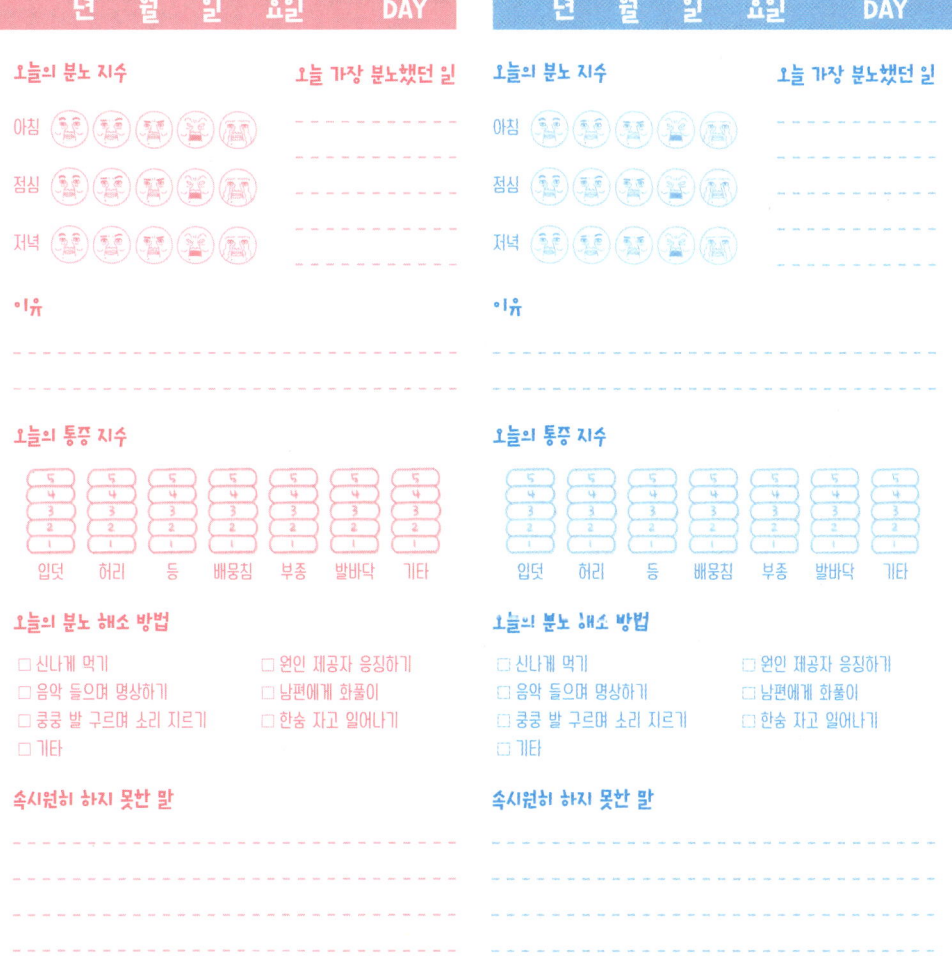

| 년 | 월 | 일 | 요일 | DAY |

오늘의 분노 지수
아침
점심
저녁

오늘 가장 분노했던 일

이유

오늘의 통증 지수

입덧   허리   등   배뭉침   부종   발바닥   기타

오늘의 분노 해소 방법
☐ 신나게 먹기
☐ 음악 들으며 명상하기
☐ 쿵쿵 발 구르며 소리 지르기
☐ 기타
☐ 원인 제공자 응징하기
☐ 남편에게 화풀이
☐ 한숨 자고 일어나기

속시원히 하지 못한 말

| 년 | 월 | 일 | 요일 | DAY |

오늘의 분노 지수
아침
점심
저녁

오늘 가장 분노했던 일

이유

오늘의 통증 지수

입덧   허리   등   배뭉침   부종   발바닥   기타

오늘의 분노 해소 방법
☐ 신나게 먹기
☐ 음악 들으며 명상하기
☐ 쿵쿵 발 구르며 소리 지르기
☐ 기타
☐ 원인 제공자 응징하기
☐ 남편에게 화풀이
☐ 한숨 자고 일어나기

속시원히 하지 못한 말

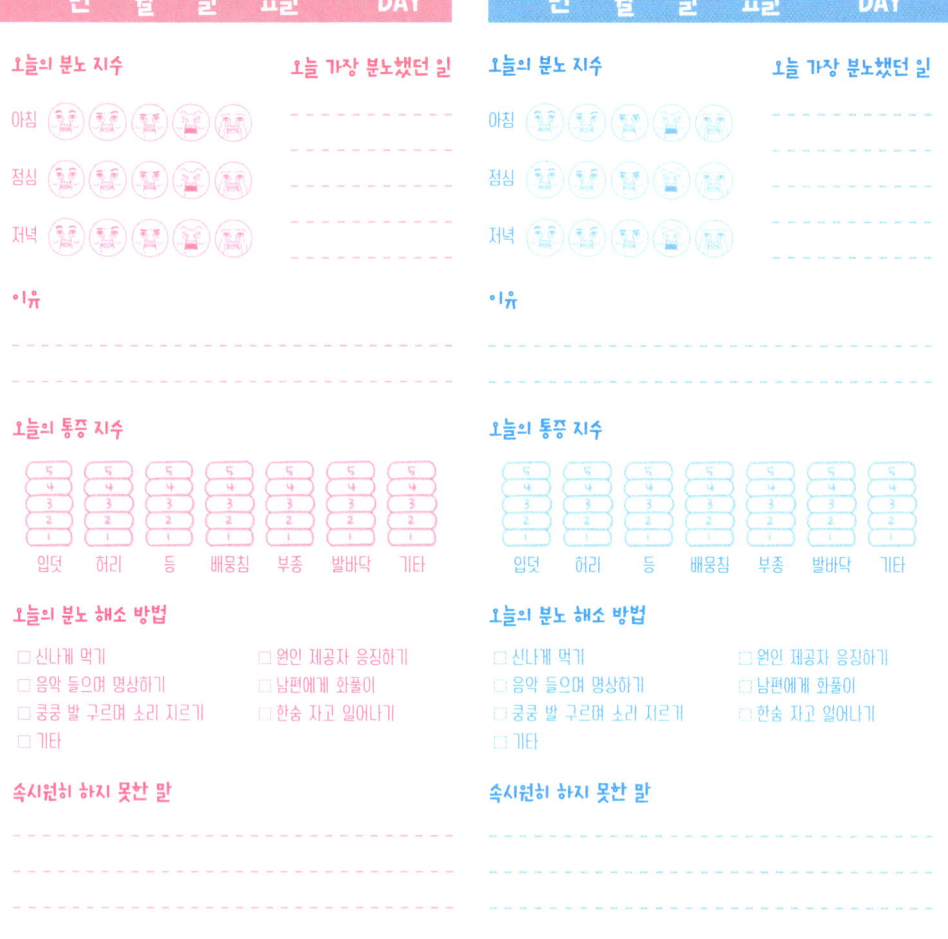

| 년 | 월 | 일 | 요일 | DAY |

오늘의 분노 지수
아침
점심
저녁

오늘 가장 분노했던 일

이유

오늘의 통증 지수

입덧　허리　등　배뭉침　부종　발바닥　기타

오늘의 분노 해소 방법
☐ 신나게 먹기　　　　　☐ 원인 제공자 응징하기
☐ 음악 들으며 명상하기　☐ 남편에게 화풀이
☐ 쿵쿵 발 구르며 소리 지르기　☐ 한숨 자고 일어나기
☐ 기타

속시원히 하지 못한 말

| 년 | 월 | 일 | 요일 | DAY |

오늘의 분노 지수
아침
점심
저녁

오늘 가장 분노했던 일

이유

오늘의 통증 지수

입덧　허리　등　배뭉침　부종　발바닥　기타

오늘의 분노 해소 방법
☐ 신나게 먹기　　　　　☐ 원인 제공자 응징하기
☐ 음악 들으며 명상하기　☐ 남편에게 화풀이
☐ 쿵쿵 발 구르며 소리 지르기　☐ 한숨 자고 일어나기
☐ 기타

속시원히 하지 못한 말

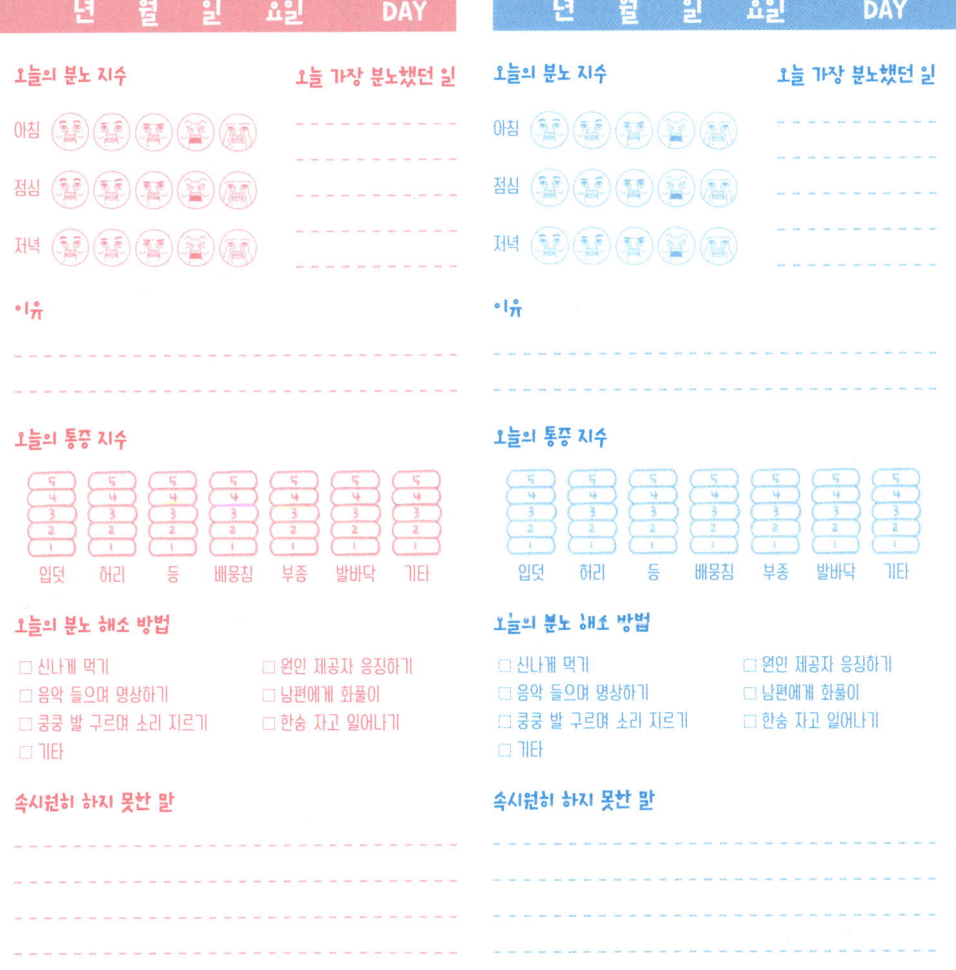

| 년 월 일 요일 DAY | 년 월 일 요일 DAY |

오늘의 분노 지수   오늘 가장 분노했던 일

아침 😐 😑 😠 😡 😤

점심 😐 😑 😠 😡 😤

저녁 😐 😑 😠 😡 😤

이유

오늘의 통증 지수

5	5	5	5	5	5	5
4	4	4	4	4	4	4
3	3	3	3	3	3	3
2	2	2	2	2	2	2
1	1	1	1	1	1	1
입덧	허리	등	배뭉침	부종	발바닥	기타

오늘의 분노 해소 방법

☐ 신나게 먹기   ☐ 원인 제공자 응징하기
☐ 음악 들으며 명상하기   ☐ 남편에게 화풀이
☐ 쿵쿵 발 구르며 소리 지르기 ☐ 한숨 자고 일어나기
☐ 기타

속시원히 하지 못한 말

오늘의 분노 지수   오늘 가장 분노했던 일

아침 😐 😑 😠 😡 😤

점심 😐 😑 😠 😡 😤

저녁 😐 😑 😠 😡 😤

이유

오늘의 통증 지수

5	5	5	5	5	5	5
4	4	4	4	4	4	4
3	3	3	3	3	3	3
2	2	2	2	2	2	2
1	1	1	1	1	1	1
입덧	허리	등	배뭉침	부종	발바닥	기타

오늘의 분노 해소 방법

☐ 신나게 먹기   ☐ 원인 제공자 응징하기
☐ 음악 들으며 명상하기   ☐ 남편에게 화풀이
☐ 쿵쿵 발 구르며 소리 지르기 ☐ 한숨 자고 일어나기
☐ 기타

속시원히 하지 못한 말

| 년 | 월 | 일 | 요일 | DAY |

오늘의 분노 지수

아침 😤 😤 😤 😤 😤

점심 😤 😤 😤 😤 😤

저녁 😤 😤 😤 😤 😤

오늘 가장 분노했던 일

이유

오늘의 통증 지수

5	5	5	5	5	5	5
4	4	4	4	4	4	4
3	3	3	3	3	3	3
2	2	2	2	2	2	2
1	1	1	1	1	1	1

입덧   허리   등   배뭉침   부종   발바닥   기타

오늘의 분노 해소 방법

☐ 신나게 먹기 ☐ 원인 제공자 응징하기
☐ 음악 들으며 명상하기 ☐ 남편에게 화풀이
☐ 쿵쿵 발 구르며 소리 지르기 ☐ 한숨 자고 일어나기
☐ 기타

속시원히 하지 못한 말

| 년 | 월 | 일 | 요일 | DAY |

오늘의 분노 지수

아침 😤 😤 😤 😤 😤

점심 😤 😤 😤 😤 😤

저녁 😤 😤 😤 😤 😤

오늘 가장 분노했던 일

이유

오늘의 통증 지수

5	5	5	5	5	5	5
4	4	4	4	4	4	4
3	3	3	3	3	3	3
2	2	2	2	2	2	2
1	1	1	1	1	1	1

입덧   허리   등   배뭉침   부종   발바닥   기타

오늘의 분노 해소 방법

☐ 신나게 먹기 ☐ 원인 제공자 응징하기
☐ 음악 들으며 명상하기 ☐ 남편에게 화풀이
☐ 쿵쿵 발 구르며 소리 지르기 ☐ 한숨 자고 일어나기
☐ 기타

속시원히 하지 못한 말

년 월 일 요일 DAY		년 월 일 요일 DAY	
오늘의 분노 지수	**오늘 가장 분노했던 일**	**오늘의 분노 지수**	**오늘 가장 분노했던 일**
아침 😐 🙂 😒 😠 😡	-------	아침 😐 🙂 😒 😠 😡	-------
점심 😐 🙂 😒 😠 😡	-------	점심 😐 🙂 😒 😠 😡	-------
저녁 😐 🙂 😒 😠 😡	-------	저녁 😐 🙂 😒 😠 😡	-------

이유 (좌)

이유 (우)

오늘의 통증 지수

5	5	5	5	5	5	5
4	4	4	4	4	4	4
3	3	3	3	3	3	3
2	2	2	2	2	2	2
1	1	1	1	1	1	1
입덧	허리	등	배뭉침	부종	발바닥	기타

오늘의 통증 지수

5	5	5	5	5	5	5
4	4	4	4	4	4	4
3	3	3	3	3	3	3
2	2	2	2	2	2	2
1	1	1	1	1	1	1
입덧	허리	등	배뭉침	부종	발바닥	기타

오늘의 분노 해소 방법

- ☐ 신나게 먹기
- ☐ 음악 들으며 명상하기
- ☐ 쿵쿵 발 구르며 소리 지르기
- ☐ 기타
- ☐ 원인 제공자 응징하기
- ☐ 남편에게 화풀이
- ☐ 한숨 자고 일어나기

오늘의 분노 해소 방법

- ☐ 신나게 먹기
- ☐ 음악 들으며 명상하기
- ☐ 쿵쿵 발 구르며 소리 지르기
- ☐ 기타
- ☐ 원인 제공자 응징하기
- ☐ 남편에게 화풀이
- ☐ 한숨 자고 일어나기

속시원히 하지 못한 말

속시원히 하지 못한 말

년 월 일 요일 DAY	년 월 일 요일 DAY

오늘의 분노 지수   오늘 가장 분노했던 일

아침 😊 😐 😕 😠 😡

점심 😊 😐 😕 😠 😡

저녁 😊 😐 😕 😠 😡

이유

- - - - - - - - - - - - - - - - - -
- - - - - - - - - - - - - - - - - -

오늘의 통증 지수

5	5	5	5	5	5	5
4	4	4	4	4	4	4
3	3	3	3	3	3	3
2	2	2	2	2	2	2
1	1	1	1	1	1	1
입덧	허리	등	배뭉침	부종	발바닥	기타

오늘의 분노 해소 방법

☐ 신나게 먹기   ☐ 원인 제공자 응징하기
☐ 음악 들으며 명상하기   ☐ 남편에게 화풀이
☐ 쿵쿵 발 구르며 소리 지르기 ☐ 한숨 자고 일어나기
☐ 기타

속시원히 하지 못한 말

- - - - - - - - - - - - - - - - - -
- - - - - - - - - - - - - - - - - -
- - - - - - - - - - - - - - - - - -
- - - - - - - - - - - - - - - - - -

오늘의 분노 지수   오늘 가장 분노했던 일

아침 😊 😐 😕 😠 😡

점심 😊 😐 😕 😠 😡

저녁 😊 😐 😕 😠 😡

이유

- - - - - - - - - - - - - - - - - -
- - - - - - - - - - - - - - - - - -

오늘의 통증 지수

5	5	5	5	5	5	5
4	4	4	4	4	4	4
3	3	3	3	3	3	3
2	2	2	2	2	2	2
1	1	1	1	1	1	1
입덧	허리	등	배뭉침	부종	발바닥	기타

오늘의 분노 해소 방법

☐ 신나게 먹기   ☐ 원인 제공자 응징하기
☐ 음악 들으며 명상하기   ☐ 남편에게 화풀이
☐ 쿵쿵 발 구르며 소리 지르기 ☐ 한숨 자고 일어나기
☐ 기타

속시원히 하지 못한 말

- - - - - - - - - - - - - - - - - -
- - - - - - - - - - - - - - - - - -
- - - - - - - - - - - - - - - - - -
- - - - - - - - - - - - - - - - - -

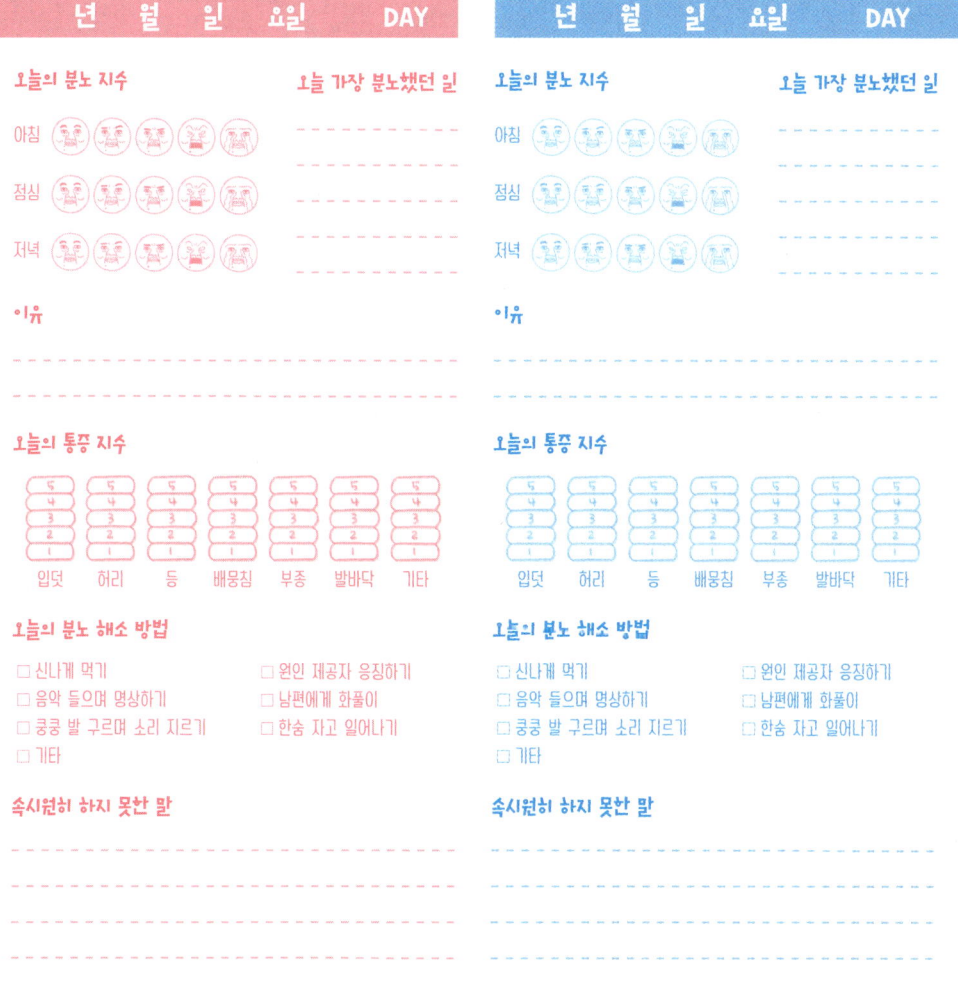

년 월 일 요일 DAY	년 월 일 요일 DAY

오늘의 분노 지수

아침 😠 😠 😠 😠 😠

점심 😠 😠 😠 😠 😠

저녁 😠 😠 😠 😠 😠

오늘 가장 분노했던 일

이유

오늘의 통증 지수

5	5	5	5	5	5	5
4	4	4	4	4	4	4
3	3	3	3	3	3	3
2	2	2	2	2	2	2
1	1	1	1	1	1	1
입덧	허리	등	배뭉침	부종	발바닥	기타

오늘의 분노 해소 방법

☐ 신나게 먹기 ☐ 원인 제공자 응징하기
☐ 음악 들으며 명상하기 ☐ 남편에게 화풀이
☐ 쿵쿵 발 구르며 소리 지르기 ☐ 한숨 자고 일어나기
☐ 기타

속시원히 하지 못한 말

오늘의 분노 지수

아침 😠 😠 😠 😠 😠

점심 😠 😠 😠 😠 😠

저녁 😠 😠 😠 😠 😠

오늘 가장 분노했던 일

이유

오늘의 통증 지수

5	5	5	5	5	5	5
4	4	4	4	4	4	4
3	3	3	3	3	3	3
2	2	2	2	2	2	2
1	1	1	1	1	1	1
입덧	허리	등	배뭉침	부종	발바닥	기타

오늘의 분노 해소 방법

☐ 신나게 먹기 ☐ 원인 제공자 응징하기
☐ 음악 들으며 명상하기 ☐ 남편에게 화풀이
☐ 쿵쿵 발 구르며 소리 지르기 ☐ 한숨 자고 일어나기
☐ 기타

속시원히 하지 못한 말

년 월 일 요일 DAY	년 월 일 요일 DAY

오늘의 분노 지수 | 오늘 가장 분노했던 일

아침 😐 😑 😠 😡 🤬

점심 😐 😑 😠 😡 🤬

저녁 😐 😑 😠 😡 🤬

이유

오늘의 통증 지수

5	5	5	5	5	5	5
4	4	4	4	4	4	4
3	3	3	3	3	3	3
2	2	2	2	2	2	2
1	1	1	1	1	1	1
입덧	허리	등	배뭉침	부종	발바닥	기타

오늘의 분노 해소 방법

- ☐ 신나게 먹기
- ☐ 음악 들으며 명상하기
- ☐ 쿵쿵 발 구르며 소리 지르기
- ☐ 기타
- ☐ 원인 제공자 응징하기
- ☐ 남편에게 화풀이
- ☐ 한숨 자고 일어나기

속시원히 하지 못한 말

오늘의 분노 지수 | 오늘 가장 분노했던 일

아침 😐 😑 😠 😡 🤬

점심 😐 😑 😠 😡 🤬

저녁 😐 😑 😠 😡 🤬

이유

오늘의 통증 지수

5	5	5	5	5	5	5
4	4	4	4	4	4	4
3	3	3	3	3	3	3
2	2	2	2	2	2	2
1	1	1	1	1	1	1
입덧	허리	등	배뭉침	부종	발바닥	기타

오늘의 분노 해소 방법

- ☐ 신나게 먹기
- ☐ 음악 들으며 명상하기
- ☐ 쿵쿵 발 구르며 소리 지르기
- ☐ 기타
- ☐ 원인 제공자 응징하기
- ☐ 남편에게 화풀이
- ☐ 한숨 자고 일어나기

속시원히 하지 못한 말

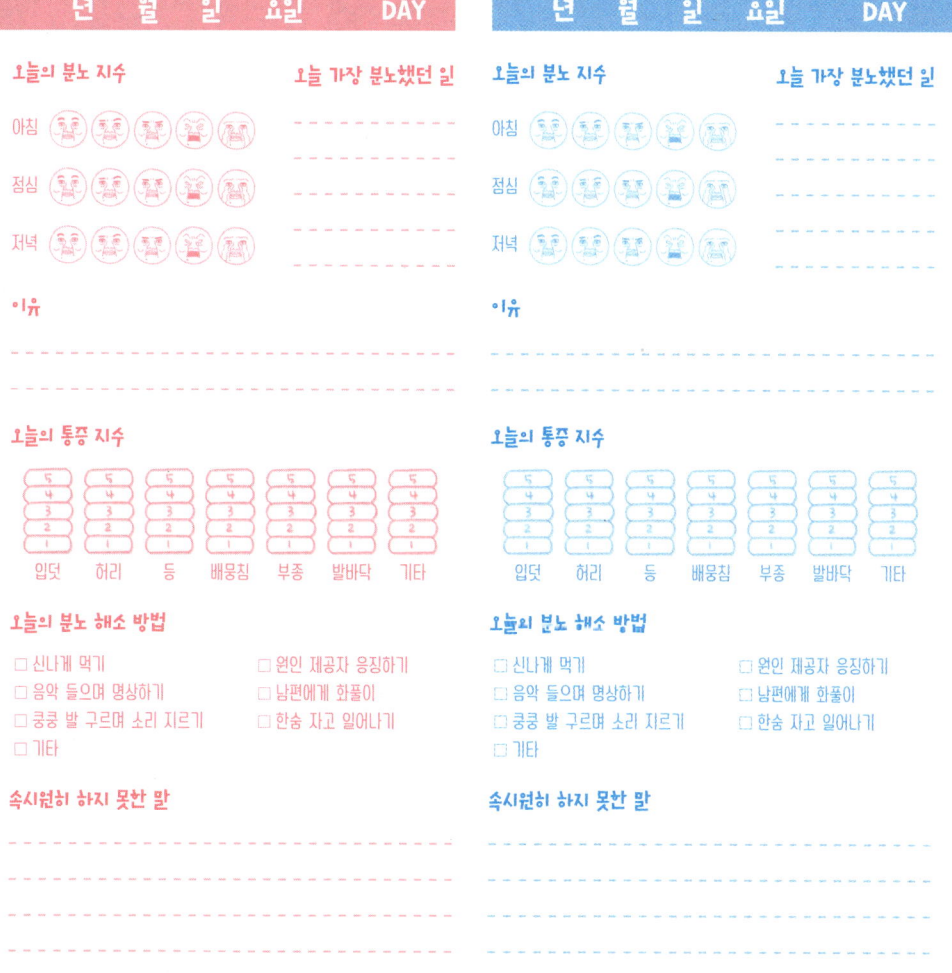

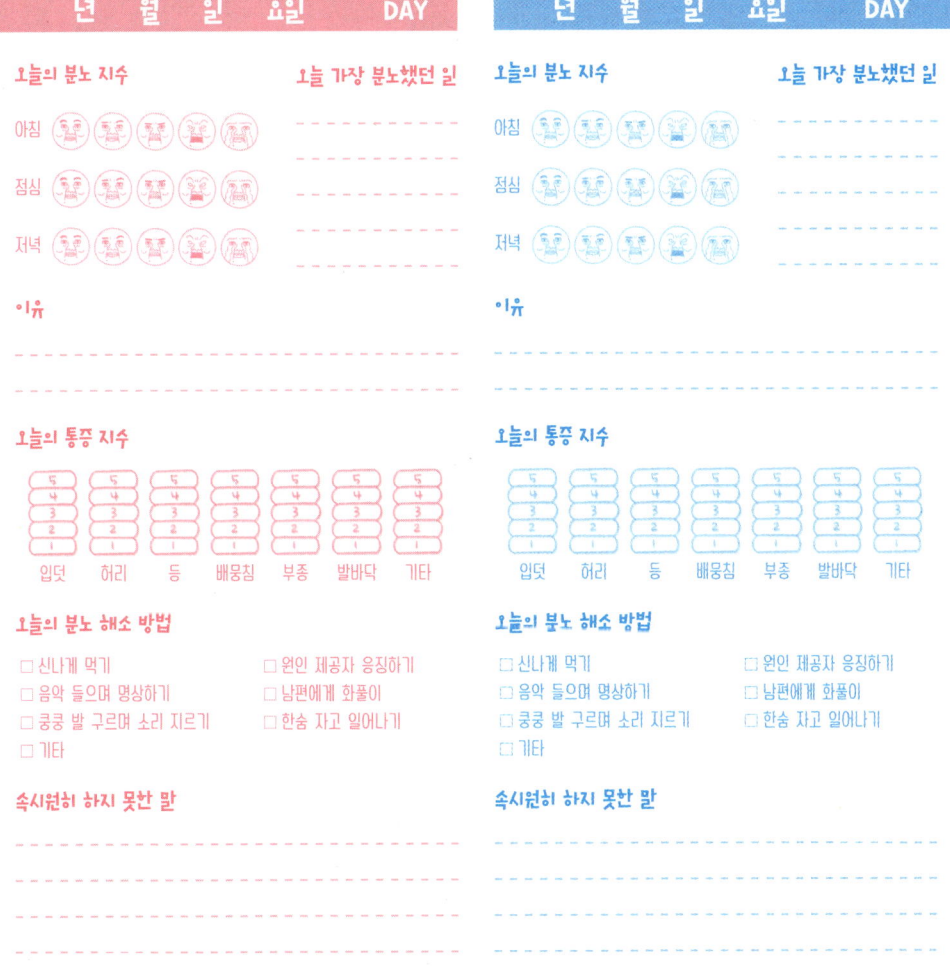

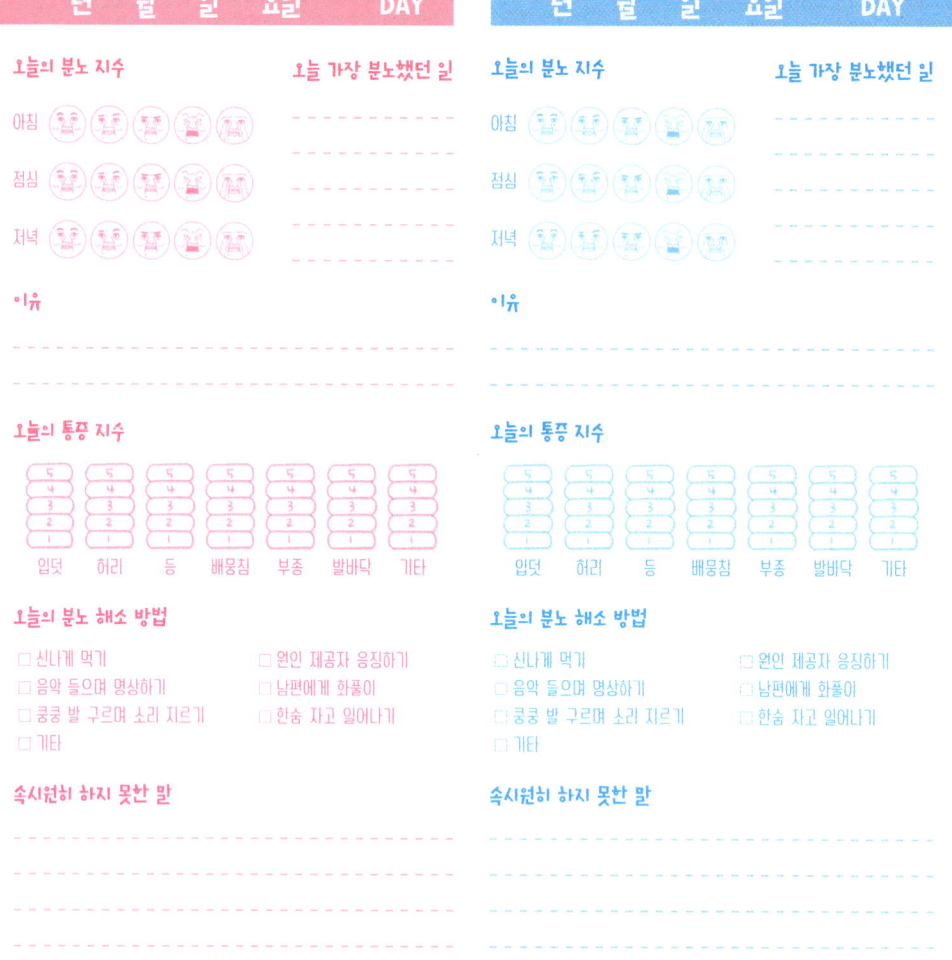

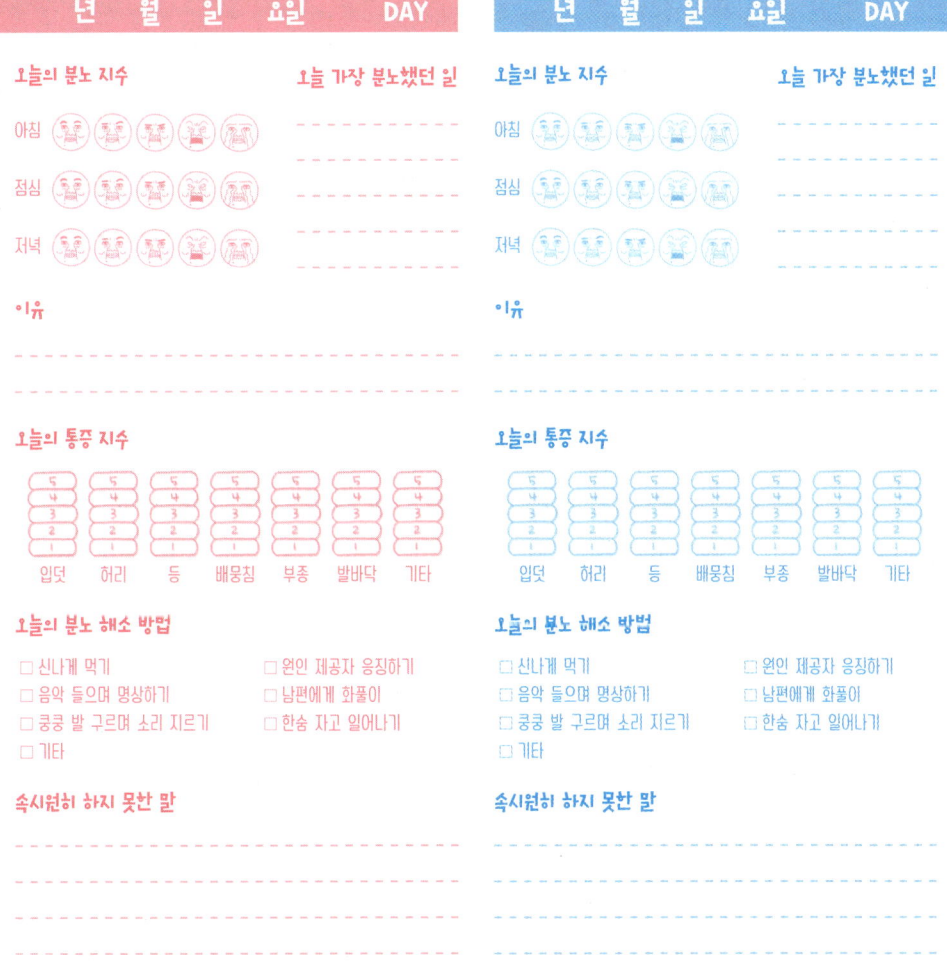

년 월 일 요일 DAY	년 월 일 요일 DAY

오늘의 분노 지수   오늘 가장 분노했던 일

아침 😠 😠 😠 😠 😠

점심 😠 😠 😠 😠 😠

저녁 😠 😠 😠 😠 😠

이유

오늘의 통증 지수

5	5	5	5	5	5	5
4	4	4	4	4	4	4
3	3	3	3	3	3	3
2	2	2	2	2	2	2
1	1	1	1	1	1	1
입덧	허리	등	배뭉침	부종	발바닥	기타

오늘의 분노 해소 방법

☐ 신나게 먹기　　　　　　　☐ 원인 제공자 응징하기
☐ 음악 들으며 명상하기　　　☐ 남편에게 화풀이
☐ 쿵쿵 발 구르며 소리 지르기　☐ 한숨 자고 일어나기
☐ 기타

속시원히 하지 못한 말

오늘의 분노 지수   오늘 가장 분노했던 일

아침 😠 😠 😠 😠 😠

점심 😠 😠 😠 😠 😠

저녁 😠 😠 😠 😠 😠

이유

오늘의 통증 지수

5	5	5	5	5	5	5
4	4	4	4	4	4	4
3	3	3	3	3	3	3
2	2	2	2	2	2	2
1	1	1	1	1	1	1
입덧	허리	등	배뭉침	부종	발바닥	기타

오늘의 분노 해소 방법

☐ 신나게 먹기　　　　　　　☐ 원인 제공자 응징하기
☐ 음악 들으며 명상하기　　　☐ 남편에게 화풀이
☐ 쿵쿵 발 구르며 소리 지르기　☐ 한숨 자고 일어나기
☐ 기타

속시원히 하지 못한 말

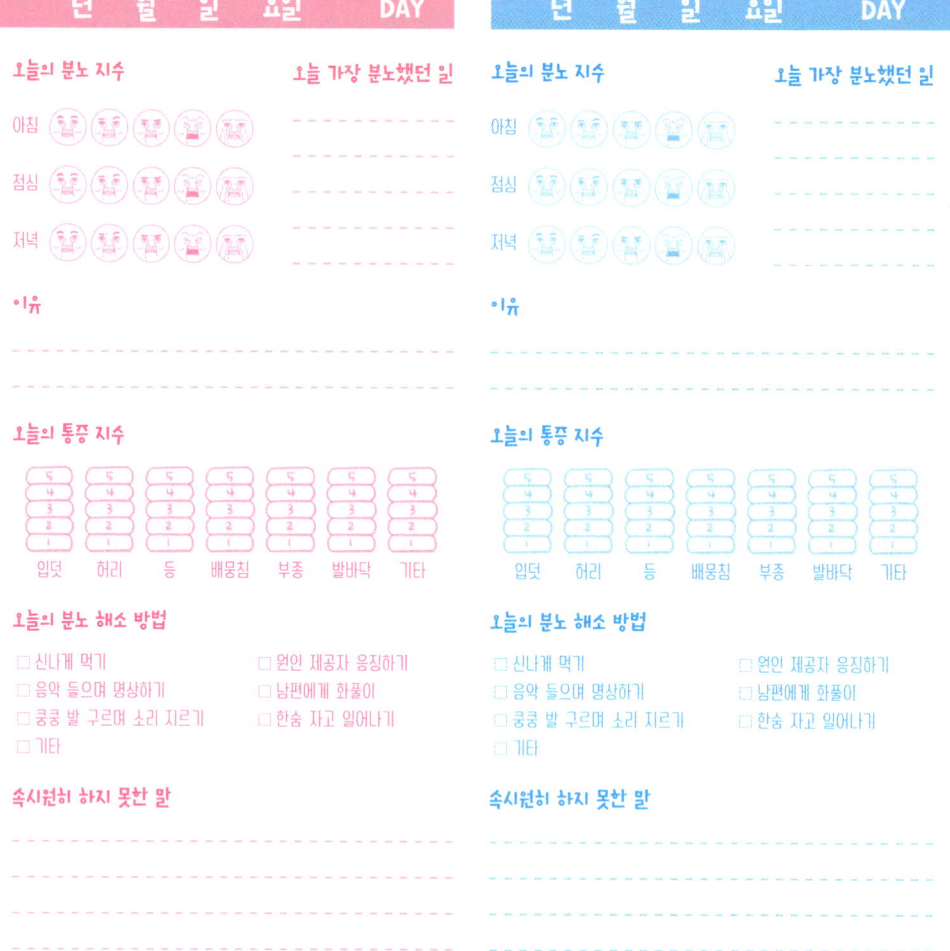

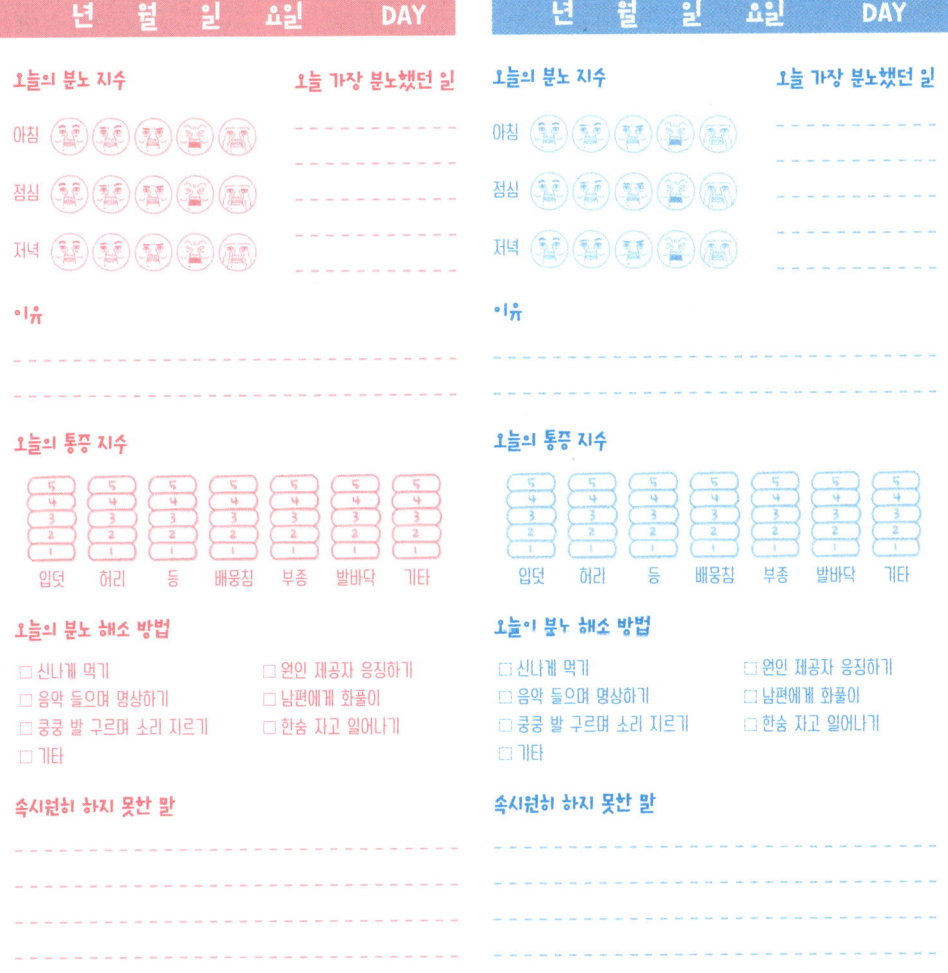

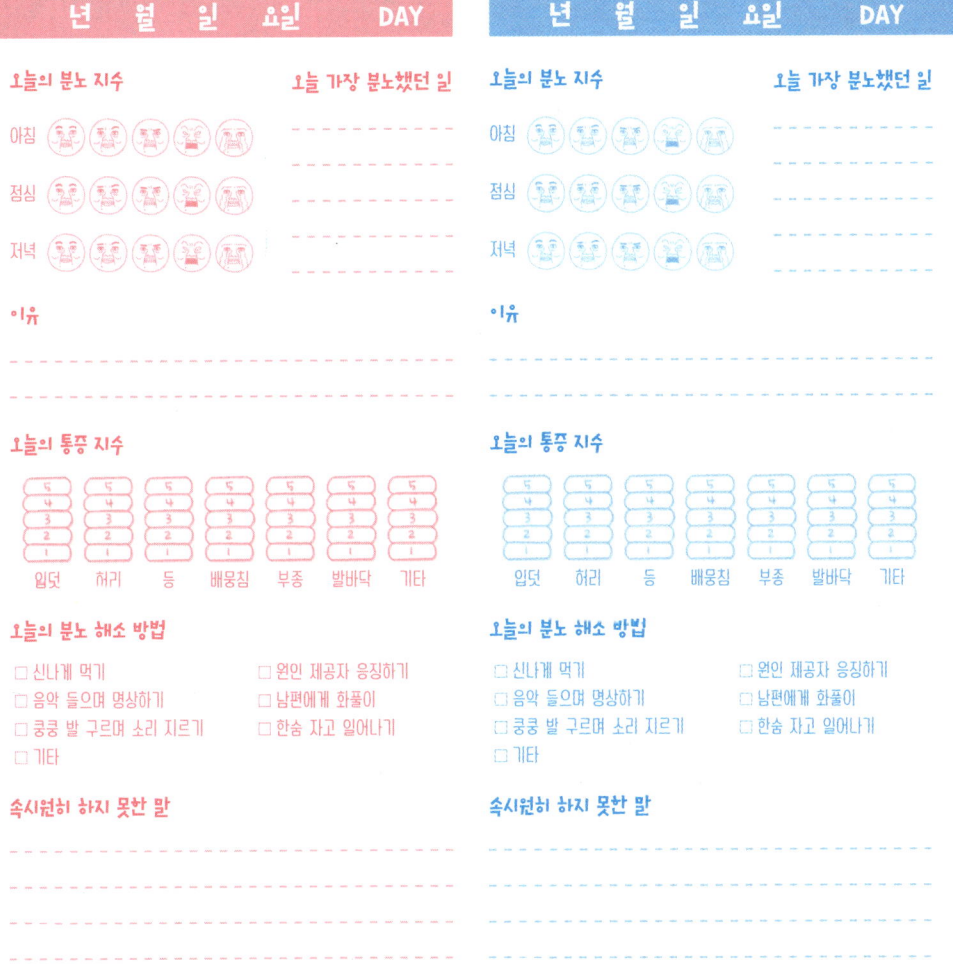

년 월 일 요일 DAY	년 월 일 요일 DAY

오늘의 분노 지수   오늘 가장 분노했던 일

아침 😠 😠 😠 😠 😠   ------------------

점심 😠 😠 😠 😠 😠   ------------------

저녁 😠 😠 😠 😠 😠   ------------------

이유

오늘의 통증 지수

5	5	5	5	5	5	5
4	4	4	4	4	4	4
3	3	3	3	3	3	3
2	2	2	2	2	2	2
1	1	1	1	1	1	1
입덧	허리	등	배뭉침	부종	발바닥	기타

오늘의 분노 해소 방법

☐ 신나게 먹기   ☐ 원인 제공자 응징하기
☐ 음악 들으며 명상하기   ☐ 남편에게 화풀이
☐ 쿵쿵 발 구르며 소리 지르기 ☐ 한숨 자고 일어나기
☐ 기타

속시원히 하지 못한 말

오늘의 분노 지수   오늘 가장 분노했던 일

아침 😠 😠 😠 😠 😠   ------------------

점심 😠 😠 😠 😠 😠   ------------------

저녁 😠 😠 😠 😠 😠   ------------------

이유

오늘의 통증 지수

5	5	5	5	5	5	5
4	4	4	4	4	4	4
3	3	3	3	3	3	3
2	2	2	2	2	2	2
1	1	1	1	1	1	1
입덧	허리	등	배뭉침	부종	발바닥	기타

오늘의 분노 해소 방법

☐ 신나게 먹기   ☐ 원인 제공자 응징하기
☐ 음악 들으며 명상하기   ☐ 남편에게 화풀이
☐ 쿵쿵 발 구르며 소리 지르기 ☐ 한숨 자고 일어나기
☐ 기타

속시원히 하지 못한 말

| 년 | 월 | 일 | 요일 | DAY |

오늘의 분노 지수

아침 😠 😠 😠 😠 😠

점심 😠 😠 😠 😠 😠

저녁 😠 😠 😠 😠 😠

오늘 가장 분노했던 일

이유

오늘의 통증 지수

5	5	5	5	5	5	5
4	4	4	4	4	4	4
3	3	3	3	3	3	3
2	2	2	2	2	2	2
1	1	1	1	1	1	1
입덧	허리	등	배뭉침	부종	발바닥	기타

오늘의 분노 해소 방법

☐ 신나게 먹기 ☐ 원인 제공자 응징하기
☐ 음악 들으며 명상하기 ☐ 남편에게 화풀이
☐ 쿵쿵 발 구르며 소리 지르기 ☐ 한숨 자고 일어나기
☐ 기타

속시원히 하지 못한 말

| 년 | 월 | 일 | 요일 | DAY |

오늘의 분노 지수

아침 😠 😠 😠 😠 😠

점심 😠 😠 😠 😠 😠

저녁 😠 😠 😠 😠 😠

오늘 가장 분노했던 일

이유

오늘의 통증 지수

5	5	5	5	5	5	5
4	4	4	4	4	4	4
3	3	3	3	3	3	3
2	2	2	2	2	2	2
1	1	1	1	1	1	1
입덧	허리	등	배뭉침	부종	발바닥	기타

오늘의 분노 해소 방법

☐ 신나게 먹기 ☐ 원인 제공자 응징하기
☐ 음악 들으며 명상하기 ☐ 남편에게 화풀이
☐ 쿵쿵 발 구르며 소리 지르기 ☐ 한숨 자고 일어나기
☐ 기타

속시원히 하지 못한 말

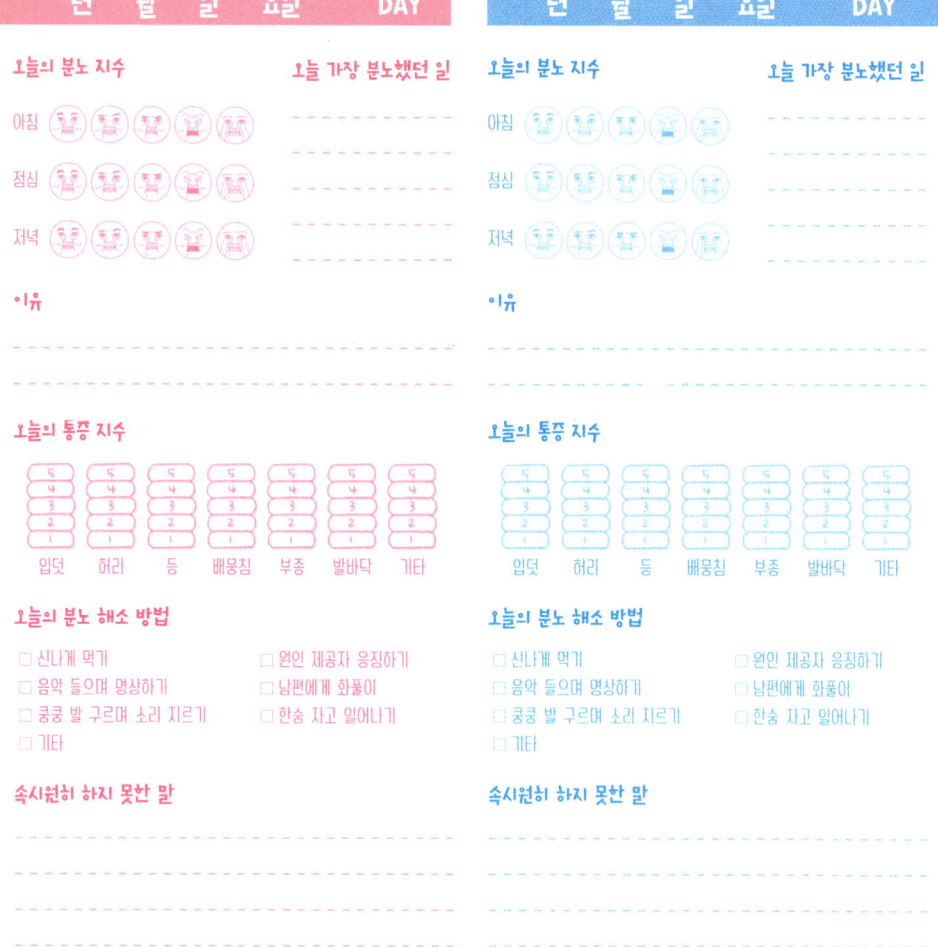

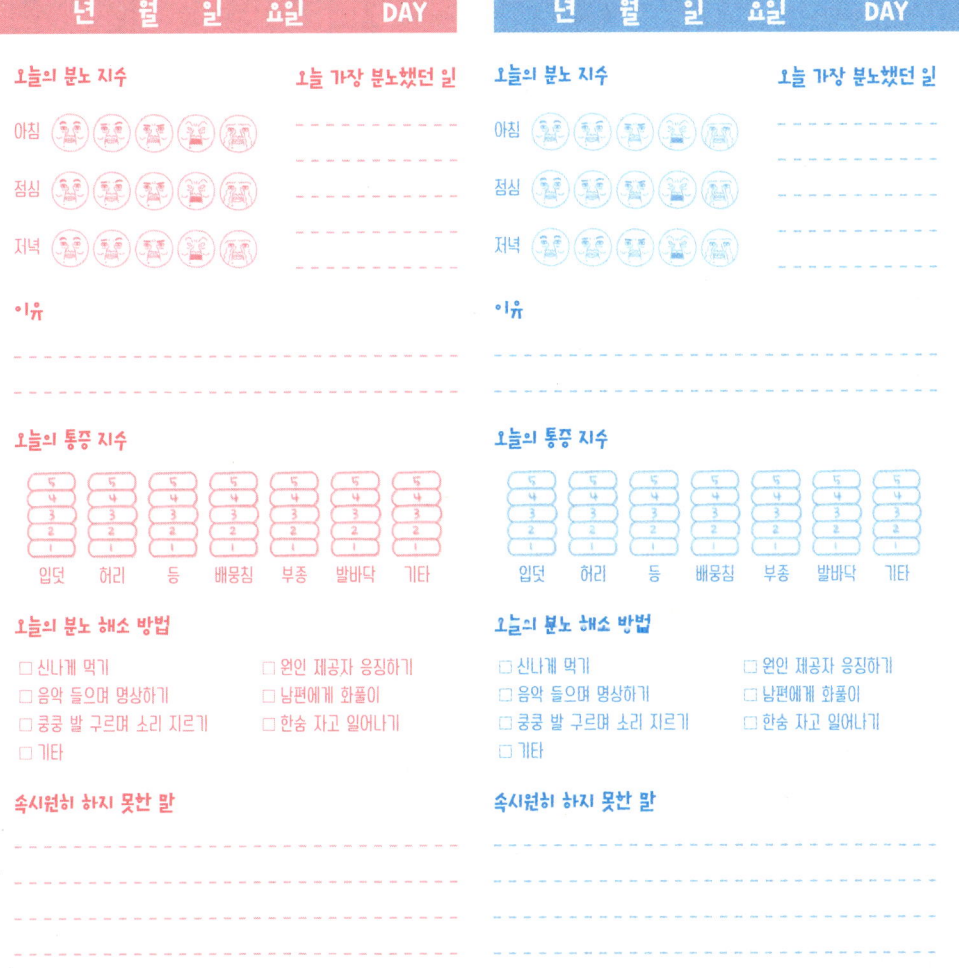

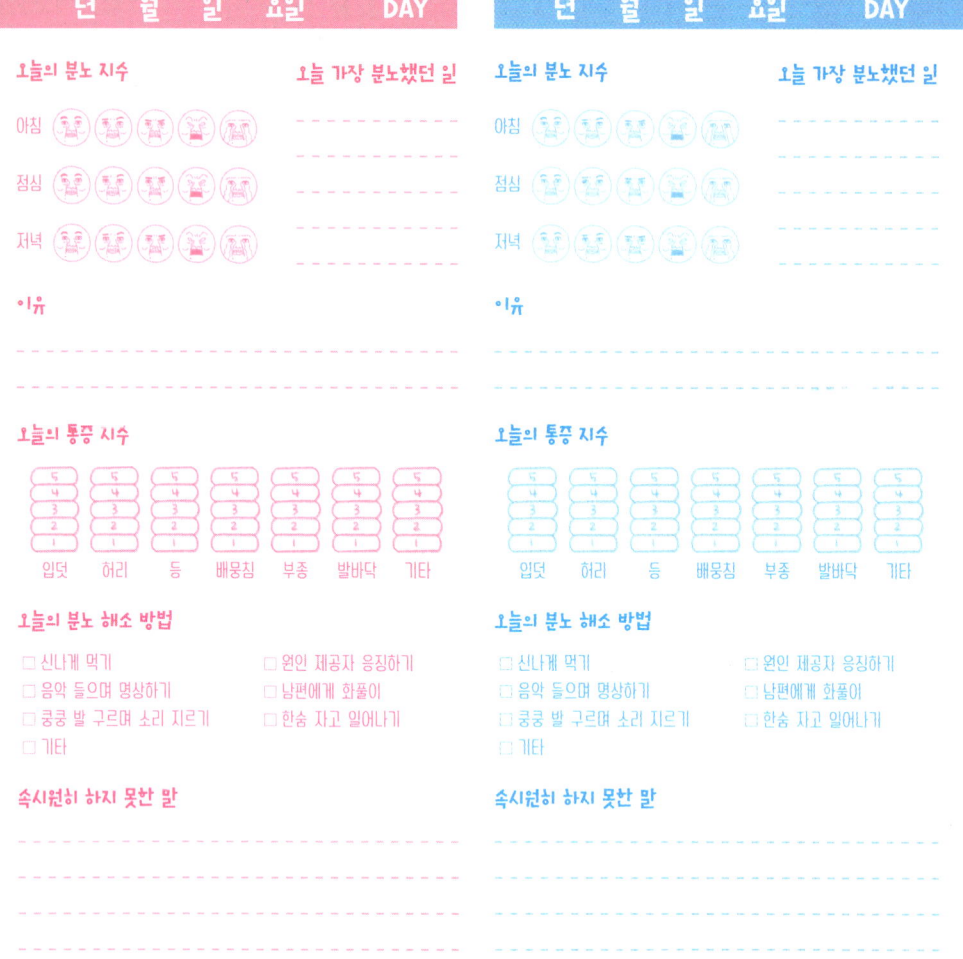

년 월 일 요일 DAY	년 월 일 요일 DAY
오늘의 분노 지수　　　　**오늘 가장 분노했던 일**	**오늘의 분노 지수**　　　　**오늘 가장 분노했던 일**

오늘의 분노 지수 (좌)

아침 😠 😠 😠 😠 😠

점심 😠 😠 😠 😠 😠

저녁 😠 😠 😠 😠 😠

오늘 가장 분노했던 일
- - - - - - - - - - -
- - - - - - - - - - -
- - - - - - - - - - -

이유
- -
- -

오늘의 통증 지수

5	5	5	5	5	5	5
4	4	4	4	4	4	4
3	3	3	3	3	3	3
2	2	2	2	2	2	2
1	1	1	1	1	1	1
입덧	허리	등	배뭉침	부종	발바닥	기타

오늘의 분노 해소 방법
☐ 신나게 먹기　　　　☐ 원인 제공자 응징하기
☐ 음악 들으며 명상하기　☐ 남편에게 화풀이
☐ 쿵쿵 발 구르며 소리 지르기　☐ 한숨 자고 일어나기
☐ 기타

속시원히 하지 못한 말
- -
- -
- -
- -

오늘의 분노 지수 (우)

아침 😠 😠 😠 😠 😠

점심 😠 😠 😠 😠 😠

저녁 😠 😠 😠 😠 😠

오늘 가장 분노했던 일
- - - - - - - - - - -
- - - - - - - - - - -
- - - - - - - - - - -

이유
- -
- -

오늘의 통증 지수

5	5	5	5	5	5	5
4	4	4	4	4	4	4
3	3	3	3	3	3	3
2	2	2	2	2	2	2
1	1	1	1	1	1	1
입덧	허리	등	배뭉침	부종	발바닥	기타

오늘의 분노 해소 방법
☐ 신나게 먹기　　　　☐ 원인 제공자 응징하기
☐ 음악 들으며 명상하기　☐ 남편에게 화풀이
☐ 쿵쿵 발 구르며 소리 지르기　☐ 한숨 자고 일어나기
☐ 기타

속시원히 하지 못한 말
- -
- -
- -
- -

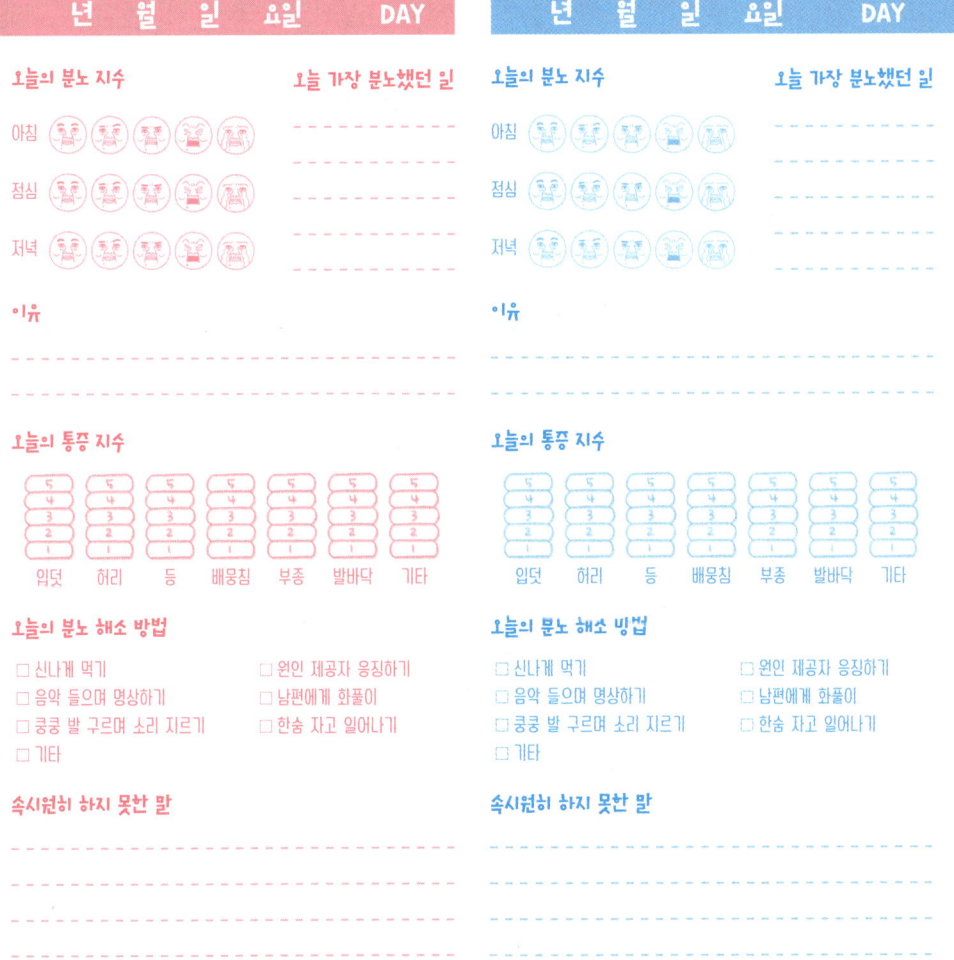

| 년 월 일 요일 DAY | 년 월 일 요일 DAY |

오늘의 분노 지수   오늘 가장 분노했던 일

아침 😠 😠 😠 😠 😠

점심 😠 😠 😠 😠 😠

저녁 😠 😠 😠 😠 😠

이유

오늘의 통증 지수

5	5	5	5	5	5	5
4	4	4	4	4	4	4
3	3	3	3	3	3	3
2	2	2	2	2	2	2
1	1	1	1	1	1	1

입덧   허리   등   배뭉침   부종   발바닥   기타

오늘의 분노 해소 방법

☐ 신나게 먹기   ☐ 원인 제공자 응징하기
☐ 음악 들으며 명상하기   ☐ 남편에게 화풀이
☐ 쿵쿵 발 구르며 소리 지르기   ☐ 한숨 자고 일어나기
☐ 기타

속시원히 하지 못한 말

오늘의 분노 지수   오늘 가장 분노했던 일

아침 😠 😠 😠 😠 😠

점심 😠 😠 😠 😠 😠

저녁 😠 😠 😠 😠 😠

이유

오늘의 통증 지수

5	5	5	5	5	5	5
4	4	4	4	4	4	4
3	3	3	3	3	3	3
2	2	2	2	2	2	2
1	1	1	1	1	1	1

입덧   허리   등   배뭉침   부종   발바닥   기타

오늘의 분노 해소 방법

☐ 신나게 먹기   ☐ 원인 제공자 응징하기
☐ 음악 들으며 명상하기   ☐ 남편에게 화풀이
☐ 쿵쿵 발 구르며 소리 지르기   ☐ 한숨 자고 일어나기
☐ 기타

속시원히 하지 못한 말

년 월 일 요일 DAY	년 월 일 요일 DAY

오늘의 분노 지수   오늘 가장 분노했던 일

아침 😠 😠 😠 😠 😠

점심 😠 😠 😠 😠 😠

저녁 😠 😠 😠 😠 😠

이유

오늘의 통증 지수

5	5	5	5	5	5	5
4	4	4	4	4	4	4
3	3	3	3	3	3	3
2	2	2	2	2	2	2
1	1	1	1	1	1	1
입덧	허리	등	배뭉침	부종	발바닥	기타

오늘의 분노 해소 방법

☐ 신나게 먹기   ☐ 원인 제공자 응징하기
☐ 음악 들으며 명상하기   ☐ 남편에게 화풀이
☐ 쿵쿵 발 구르며 소리 지르기   ☐ 한숨 자고 일어나기
☐ 기타

속시원히 하지 못한 말

오늘의 분노 지수   오늘 가장 분노했던 일

아침 😠 😠 😠 😠 😠

점심 😠 😠 😠 😠 😠

저녁 😠 😠 😠 😠 😠

이유

오늘의 통증 지수

5	5	5	5	5	5	5
4	4	4	4	4	4	4
3	3	3	3	3	3	3
2	2	2	2	2	2	2
1	1	1	1	1	1	1
입덧	허리	등	배뭉침	부종	발바닥	기타

오늘의 분노 해소 방법

☐ 신나게 먹기   ☐ 원인 제공자 응징하기
☐ 음악 들으며 명상하기   ☐ 남편에게 화풀이
☐ 쿵쿵 발 구르며 소리 지르기   ☐ 한숨 자고 일어나기
☐ 기타

속시원히 하지 못한 말

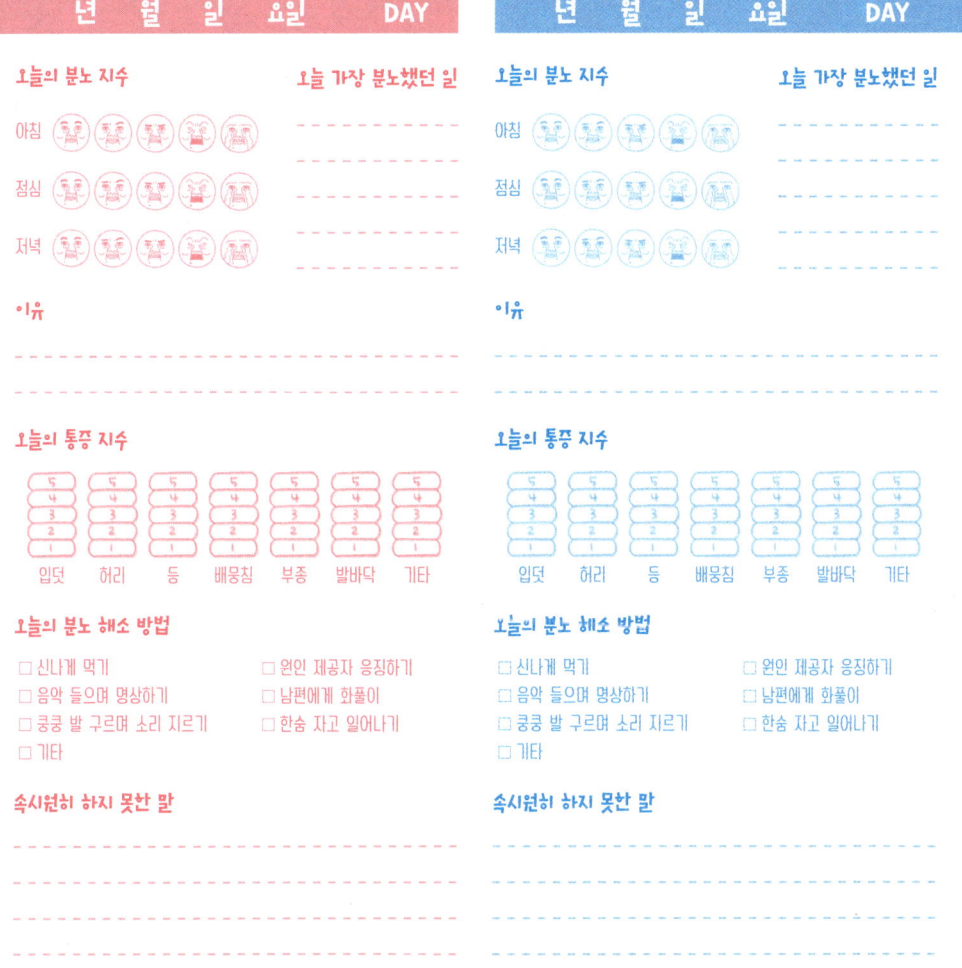

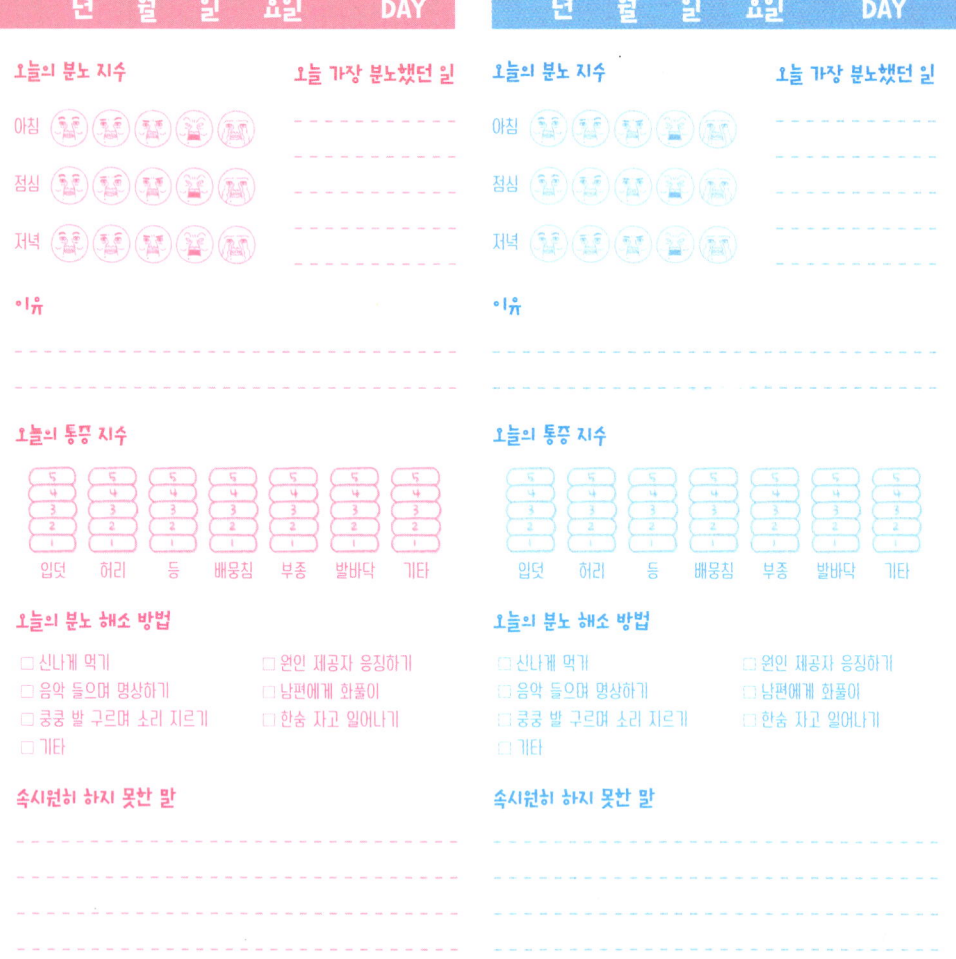

| 년 | 월 | 일 | 요일 | DAY |

오늘의 분노 지수   오늘 가장 분노했던 일

아침 😤😤😤😤😤   ----------------

점심 😤😤😤😤😤   ----------------

저녁 😤😤😤😤😤   ----------------

이유

오늘의 통증 지수

5	5	5	5	5	5	5
4	4	4	4	4	4	4
3	3	3	3	3	3	3
2	2	2	2	2	2	2
1	1	1	1	1	1	1
입덧	허리	등	배뭉침	부종	발바닥	기타

오늘의 분노 해소 방법

☐ 신나게 먹기   ☐ 원인 제공자 응징하기
☐ 음악 들으며 명상하기   ☐ 남편에게 화풀이
☐ 쿵쿵 발 구르며 소리 지르기   ☐ 한숨 자고 일어나기
☐ 기타

속시원히 하지 못한 말

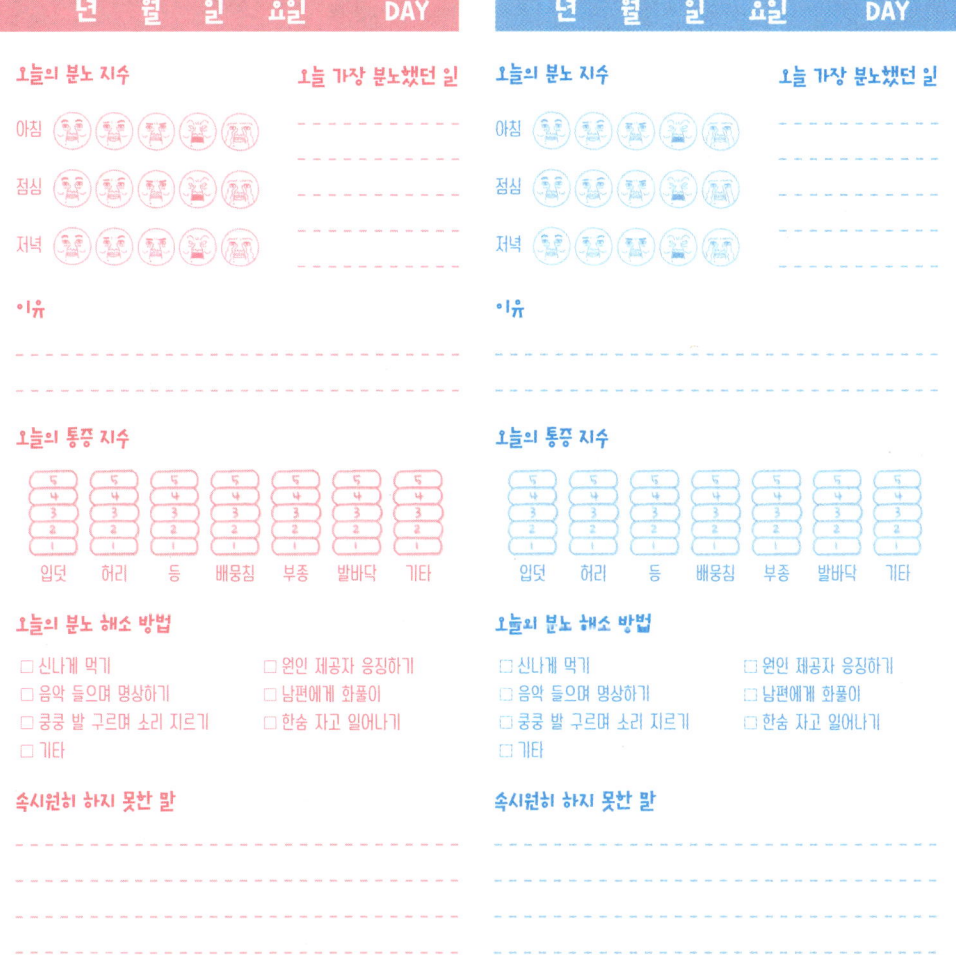

| 년 월 일 요일 DAY | 년 월 일 요일 DAY |

오늘의 분노 지수

오늘 가장 분노했던 일

아침 😠 😠 😠 😠 😠

점심 😠 😠 😠 😠 😠

저녁 😠 😠 😠 😠 😠

이유

오늘의 통증 지수

5	5	5	5	5	5	5
4	4	4	4	4	4	4
3	3	3	3	3	3	3
2	2	2	2	2	2	2
1	1	1	1	1	1	1
입덧	허리	등	배뭉침	부종	발바닥	기타

오늘의 분노 해소 방법

☐ 신나게 먹기 ☐ 원인 제공자 응징하기
☐ 음악 들으며 명상하기 ☐ 남편에게 화풀이
☐ 쿵쿵 발 구르며 소리 지르기 ☐ 한숨 자고 일어나기
☐ 기타

속시원히 하지 못한 말

오늘의 분노 지수

오늘 가장 분노했던 일

아침 😠 😠 😠 😠 😠

점심 😠 😠 😠 😠 😠

저녁 😠 😠 😠 😠 😠

이유

오늘의 통증 지수

5	5	5	5	5	5	5
4	4	4	4	4	4	4
3	3	3	3	3	3	3
2	2	2	2	2	2	2
1	1	1	1	1	1	1
입덧	허리	등	배뭉침	부종	발바닥	기타

오늘의 분노 해소 방법

☐ 신나게 먹기 ☐ 원인 제공자 응징하기
☐ 음악 들으며 명상하기 ☐ 남편에게 화풀이
☐ 쿵쿵 발 구르며 소리 지르기 ☐ 한숨 자고 일어나기
☐ 기타

속시원히 하지 못한 말

년 월 일 요일 DAY	년 월 일 요일 DAY

오늘의 분노 지수

아침 😤 😤 😤 😤 😤

점심 😤 😤 😤 😤 😤

저녁 😤 😤 😤 😤 😤

오늘 가장 분노했던 일

- - - - - -
- - - - - -
- - - - - -

이유

- - - - - -
- - - - - -

오늘의 통증 지수

5	5	5	5	5	5	5
4	4	4	4	4	4	4
3	3	3	3	3	3	3
2	2	2	2	2	2	2
1	1	1	1	1	1	1
입덧	허리	등	배뭉침	부종	발바닥	기타

오늘의 분노 해소 방법

☐ 신나게 먹기 ☐ 원인 제공자 응징하기
☐ 음악 들으며 명상하기 ☐ 남편에게 화풀이
☐ 쿵쿵 발 구르며 소리 지르기 ☐ 한숨 자고 일어나기
☐ 기타

속시원히 하지 못한 말

- - - - - -
- - - - - -
- - - - - -
- - - - - -

오늘의 분노 지수

아침 😤 😤 😤 😤 😤

점심 😤 😤 😤 😤 😤

저녁 😤 😤 😤 😤 😤

오늘 가장 분노했던 일

- - - - - -
- - - - - -
- - - - - -

이유

- - - - - -
- - - - - -

오늘의 통증 지수

5	5	5	5	5	5	5
4	4	4	4	4	4	4
3	3	3	3	3	3	3
2	2	2	2	2	2	2
1	1	1	1	1	1	1
입덧	허리	등	배뭉침	부종	발바닥	기타

오늘의 분노 해소 방법

☐ 신나게 먹기 ☐ 원인 제공자 응징하기
☐ 음악 들으며 명상하기 ☐ 남편에게 화풀이
☐ 쿵쿵 발 구르며 소리 지르기 ☐ 한숨 자고 일어나기
☐ 기타

속시원히 하지 못한 말

- - - - - -
- - - - - -
- - - - - -
- - - - - -

년 월 일 요일 DAY	년 월 일 요일 DAY

오늘의 분노 지수   오늘 가장 분노했던 일

아침 😠 😠 😠 😠 😠

점심 😠 😠 😠 😠 😠

저녁 😠 😠 😠 😠 😠

이유
- - - - - - - - - - - - - - - - - - - -

- - - - - - - - - - - - - - - - - - - -

오늘의 통증 지수

5	5	5	5	5	5	5
4	4	4	4	4	4	4
3	3	3	3	3	3	3
2	2	2	2	2	2	2
1	1	1	1	1	1	1
입덧	허리	등	배뭉침	부종	발바닥	기타

오늘의 분노 해소 방법

☐ 신나게 먹기   ☐ 원인 제공자 응징하기
☐ 음악 들으며 명상하기   ☐ 남편에게 화풀이
☐ 쿵쿵 발 구르며 소리 지르기   ☐ 한숨 자고 일어나기
☐ 기타

속시원히 하지 못한 말

- - - - - - - - - - - - - - - - - - - -

- - - - - - - - - - - - - - - - - - - -

- - - - - - - - - - - - - - - - - - - -

- - - - - - - - - - - - - - - - - - - -

오늘의 분노 지수   오늘 가장 분노했던 일

아침 😠 😠 😠 😠 😠

점심 😠 😠 😠 😠 😠

저녁 😠 😠 😠 😠 😠

이유
- - - - - - - - - - - - - - - - - - - -

- - - - - - - - - - - - - - - - - - - -

오늘의 통증 지수

5	5	5	5	5	5	5
4	4	4	4	4	4	4
3	3	3	3	3	3	3
2	2	2	2	2	2	2
1	1	1	1	1	1	1
입덧	허리	등	배뭉침	부종	발바닥	기타

오늘의 분노 해소 방법

☐ 신나게 먹기   ☐ 원인 제공자 응징하기
☐ 음악 들으며 명상하기   ☐ 남편에게 화풀이
☐ 쿵쿵 발 구르며 소리 지르기   ☐ 한숨 자고 일어나기
☐ 기타

속시원히 하지 못한 말

- - - - - - - - - - - - - - - - - - - -

- - - - - - - - - - - - - - - - - - - -

- - - - - - - - - - - - - - - - - - - -

- - - - - - - - - - - - - - - - - - - -

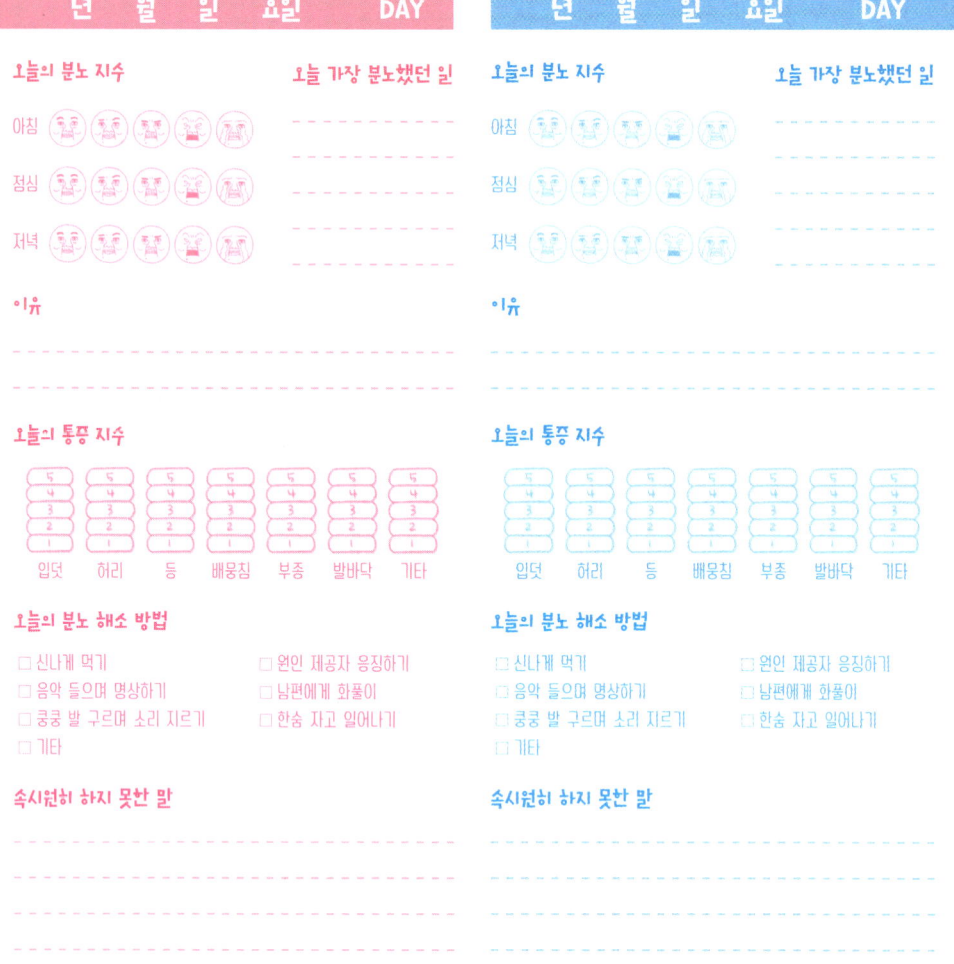

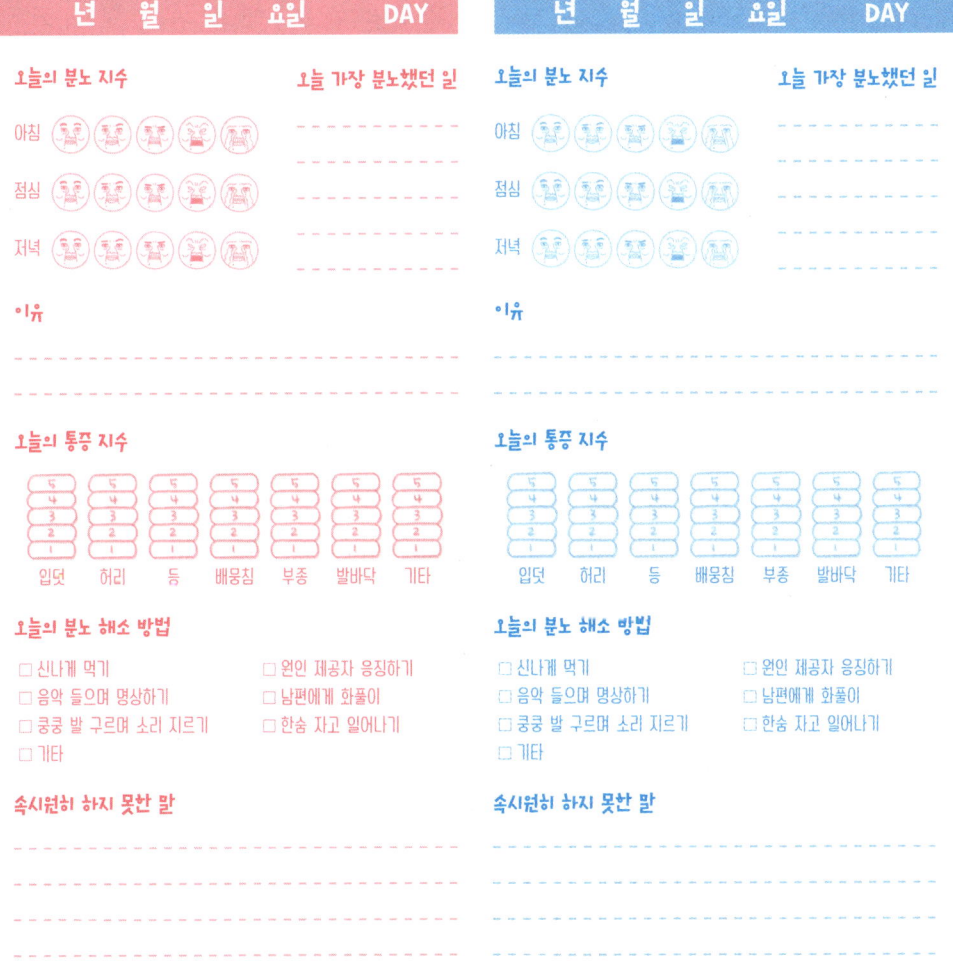

년 월 일 요일 DAY	년 월 일 요일 DAY
오늘의 분노 지수　　　　**오늘 가장 분노했던 일**	**오늘의 분노 지수**　　　　**오늘 가장 분노했던 일**

오늘의 분노 지수 (좌)
아침　점심　저녁

이유

오늘의 통증 지수
입덧　허리　등　배뭉침　부종　발바닥　기타

오늘의 분노 해소 방법
- ☐ 신나게 먹기
- ☐ 음악 들으며 명상하기
- ☐ 쿵쿵 발 구르며 소리 지르기
- ☐ 기타
- ☐ 원인 제공자 응징하기
- ☐ 남편에게 화풀이
- ☐ 한숨 자고 일어나기

속시원히 하지 못한 말

오늘의 분노 지수 (우)
아침　점심　저녁

이유

오늘의 통증 지수
입덧　허리　등　배뭉침　부종　발바닥　기타

오늘의 분노 해소 방법
- ☐ 신나게 먹기
- ☐ 음악 들으며 명상하기
- ☐ 쿵쿵 발 구르며 소리 지르기
- ☐ 기타
- ☐ 원인 제공자 응징하기
- ☐ 남편에게 화풀이
- ☐ 한숨 자고 일어나기

속시원히 하지 못한 말

| 년 | 월 | 일 | 요일 | DAY |

오늘의 분노 지수

아침 😠 😠 😠 😠 😠

점심 😠 😠 😠 😠 😠

저녁 😠 😠 😠 😠 😠

오늘 가장 분노했던 일

이유

오늘의 통증 지수

5	5	5	5	5	5	5
4	4	4	4	4	4	4
3	3	3	3	3	3	3
2	2	2	2	2	2	2
1	1	1	1	1	1	1
입덧	허리	등	배뭉침	부종	발바닥	기타

오늘의 분노 해소 방법

☐ 신나게 먹기 ☐ 원인 제공자 응징하기
☐ 음악 들으며 명상하기 ☐ 남편에게 화풀이
☐ 쿵쿵 발 구르며 소리 지르기 ☐ 한숨 자고 일어나기
☐ 기타

속시원히 하지 못한 말

| 년 | 월 | 일 | 요일 | DAY |

오늘의 분노 지수

아침 😠 😠 😠 😠 😠

점심 😠 😠 😠 😠 😠

저녁 😠 😠 😠 😠 😠

오늘 가장 분노했던 일

이유

오늘의 통증 지수

5	5	5	5	5	5	5
4	4	4	4	4	4	4
3	3	3	3	3	3	3
2	2	2	2	2	2	2
1	1	1	1	1	1	1
입덧	허리	등	배뭉침	부종	발바닥	기타

오늘의 분노 해소 방법

☐ 신나게 먹기 ☐ 원인 제공자 응징하기
☐ 음악 들으며 명상하기 ☐ 남편에게 화풀이
☐ 쿵쿵 발 구르며 소리 지르기 ☐ 한숨 자고 일어나기
☐ 기타

속시원히 하지 못한 말

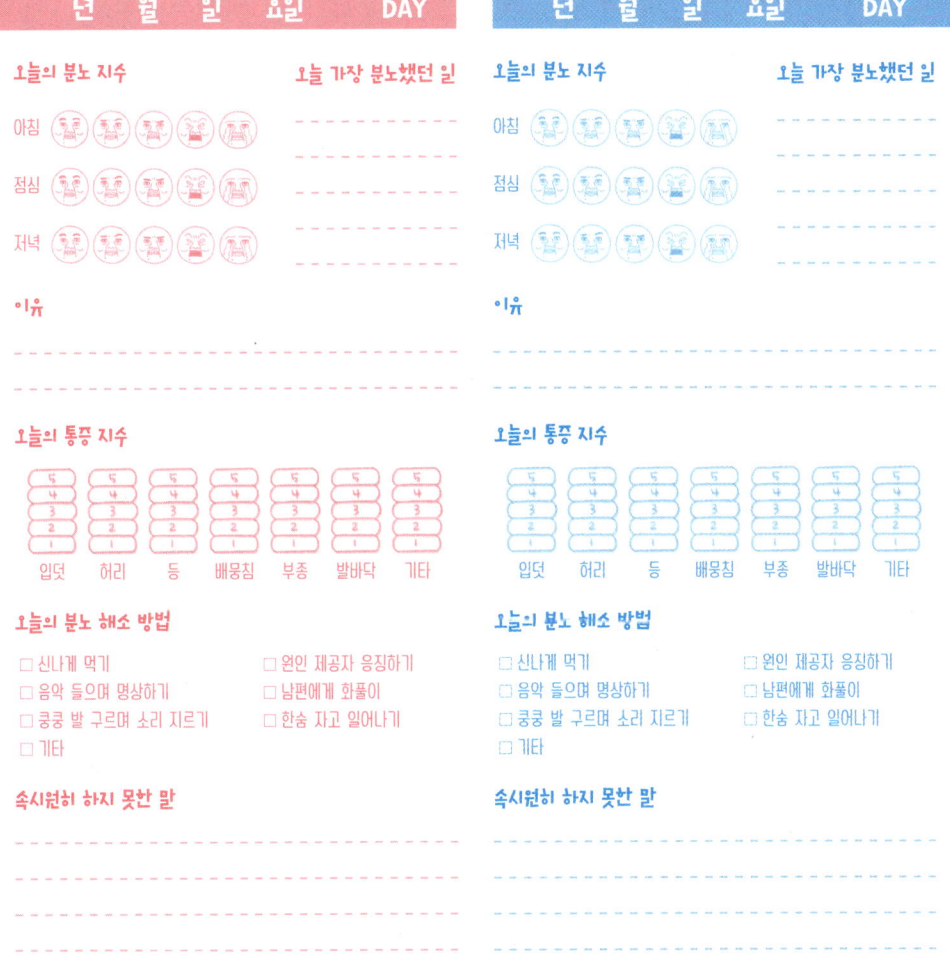

| 년 월 일 요일 DAY | 년 월 일 요일 DAY |

오늘의 분노 지수

아침 😠 😠 😠 😠 😠

점심 😠 😠 😠 😠 😠

저녁 😠 😠 😠 😠 😠

오늘 가장 분노했던 일

이유

오늘의 통증 지수

5	5	5	5	5	5	5
4	4	4	4	4	4	4
3	3	3	3	3	3	3
2	2	2	2	2	2	2
1	1	1	1	1	1	1

입덧　허리　등　배뭉침　부종　발바닥　기타

오늘의 분노 해소 방법

☐ 신나게 먹기　　　　　☐ 원인 제공자 응징하기
☐ 음악 들으며 명상하기　☐ 남편에게 화풀이
☐ 쿵쿵 발 구르며 소리 지르기　☐ 한숨 자고 일어나기
☐ 기타

속시원히 하지 못한 말

오늘의 분노 지수

아침 😠 😠 😠 😠 😠

점심 😠 😠 😠 😠 😠

저녁 😠 😠 😠 😠 😠

오늘 가장 분노했던 일

이유

오늘의 통증 지수

5	5	5	5	5	5	5
4	4	4	4	4	4	4
3	3	3	3	3	3	3
2	2	2	2	2	2	2
1	1	1	1	1	1	1

입덧　허리　등　배뭉침　부종　발바닥　기타

오늘의 분노 해소 방법

☐ 신나게 먹기　　　　　☐ 원인 제공자 응징하기
☐ 음악 들으며 명상하기　☐ 남편에게 화풀이
☐ 쿵쿵 발 구르며 소리 지르기　☐ 한숨 자고 일어나기
☐ 기타

속시원히 하지 못한 말

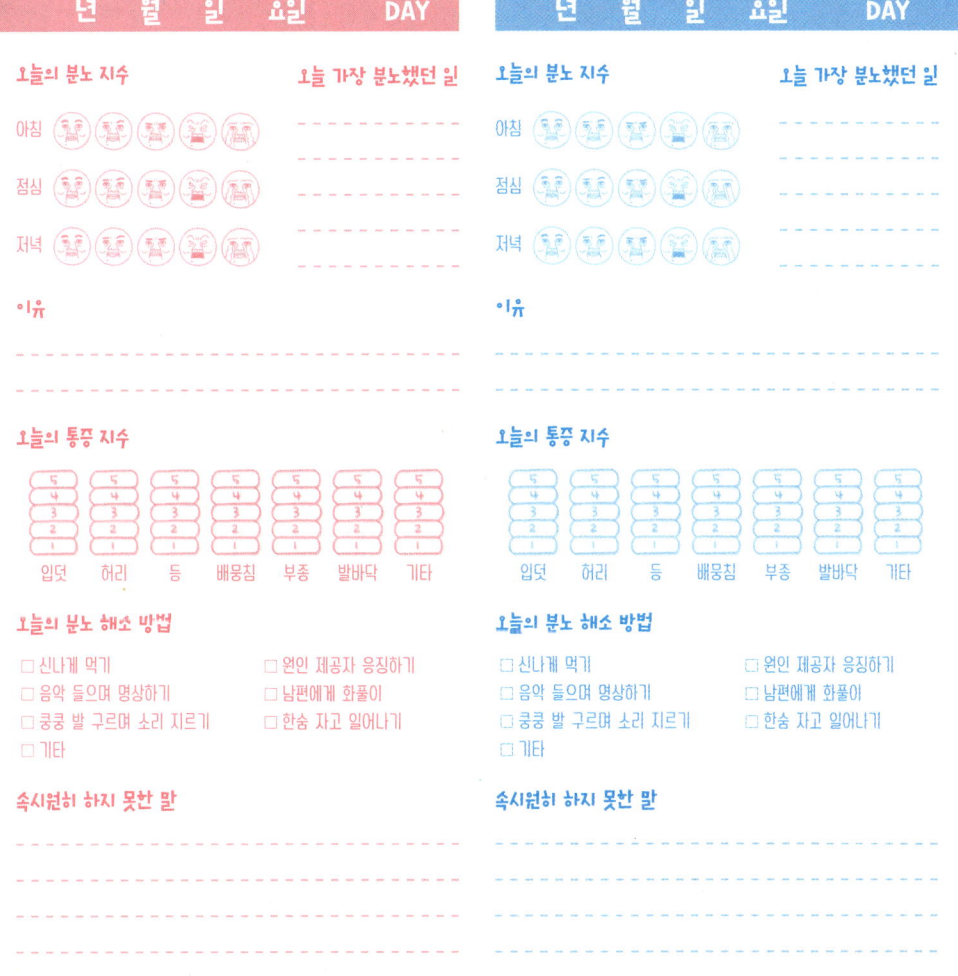

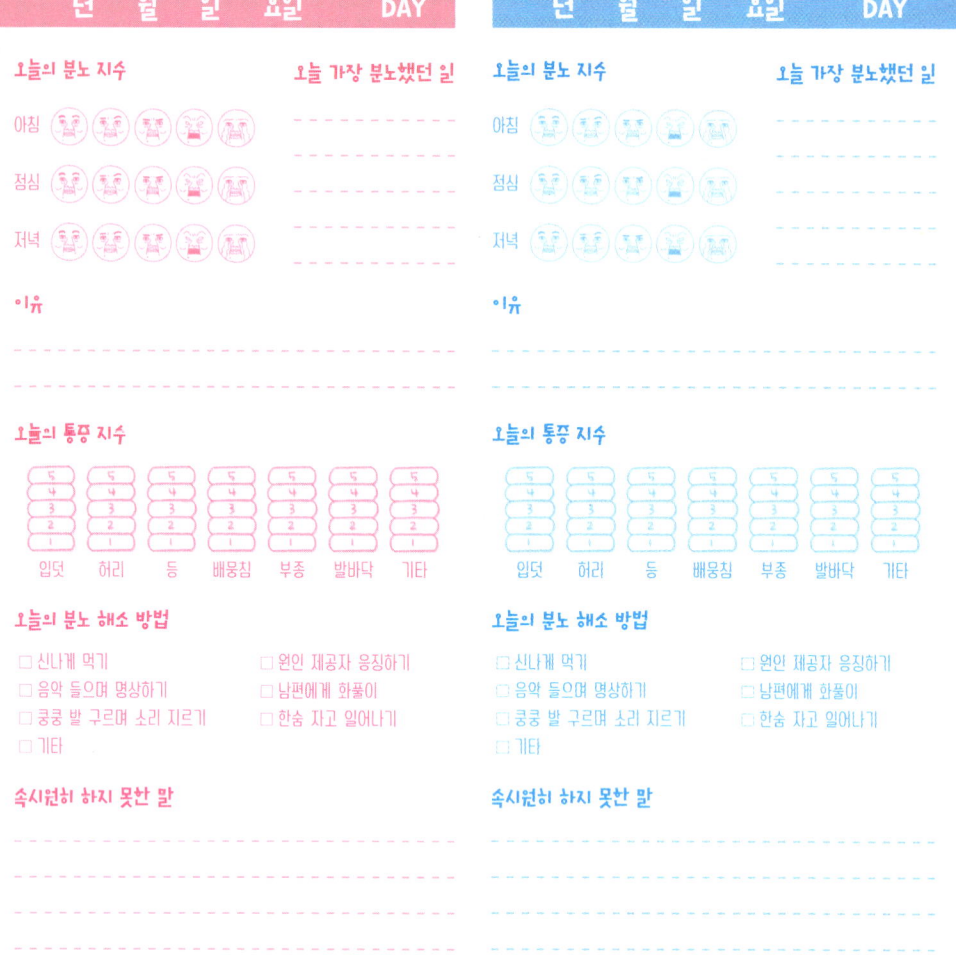

년 월 일 요일 DAY	년 월 일 요일 DAY

오늘의 분노 지수   오늘 가장 분노했던 일

아침 😠😠😠😠😠 ----------

점심 😠😠😠😠😠 ----------

저녁 😠😠😠😠😠 ----------

이유

오늘의 통증 지수

5	5	5	5	5	5	5
4	4	4	4	4	4	4
3	3	3	3	3	3	3
2	2	2	2	2	2	2
1	1	1	1	1	1	1
입덧	허리	등	배뭉침	부종	발바닥	기타

오늘의 분노 해소 방법

☐ 신나게 먹기   ☐ 원인 제공자 응징하기
☐ 음악 들으며 명상하기   ☐ 남편에게 화풀이
☐ 쿵쿵 발 구르며 소리 지르기   ☐ 한숨 자고 일어나기
☐ 기타

속시원히 하지 못한 말

오늘의 분노 지수   오늘 가장 분노했던 일

아침 😠😠😠😠😠 ----------

점심 😠😠😠😠😠 ----------

저녁 😠😠😠😠😠 ----------

이유

오늘의 통증 지수

5	5	5	5	5	5	5
4	4	4	4	4	4	4
3	3	3	3	3	3	3
2	2	2	2	2	2	2
1	1	1	1	1	1	1
입덧	허리	등	배뭉침	부종	발바닥	기타

오늘의 분노 해소 방법

☐ 신나게 먹기   ☐ 원인 제공자 응징하기
☐ 음악 들으며 명상하기   ☐ 남편에게 화풀이
☐ 쿵쿵 발 구르며 소리 지르기   ☐ 한숨 자고 일어나기
☐ 기타

속시원히 하지 못한 말

년 월 일 요일 DAY	년 월 일 요일 DAY

오늘의 분노 지수   오늘 가장 분노했던 일

아침 😠😠😠😠😠

점심 😠😠😠😠😠

저녁 😠😠😠😠😠

이유

오늘의 통증 지수

입덧	허리	등	배뭉침	부종	발바닥	기타
5 4 3 2 1	5 4 3 2 1	5 4 3 2 1	5 4 3 2 1	5 4 3 2 1	5 4 3 2 1	5 4 3 2 1

오늘의 분노 해소 방법

☐ 신나게 먹기   ☐ 원인 제공자 응징하기
☐ 음악 들으며 명상하기   ☐ 남편에게 화풀이
☐ 쿵쿵 발 구르며 소리 지르기   ☐ 한숨 자고 일어나기
☐ 기타

속시원히 하지 못한 말

오늘의 분노 지수   오늘 가장 분노했던 일

아침 😠😠😠😠😠

점심 😠😠😠😠😠

저녁 😠😠😠😠😠

이유

오늘의 통증 지수

입덧	허리	등	배뭉침	부종	발바닥	기타
5 4 3 2 1	5 4 3 2 1	5 4 3 2 1	5 4 3 2 1	5 4 3 2 1	5 4 3 2 1	5 4 3 2 1

오늘의 분노 해소 방법

☐ 신나게 먹기   ☐ 원인 제공자 응징하기
☐ 음악 들으며 명상하기   ☐ 남편에게 화풀이
☐ 쿵쿵 발 구르며 소리 지르기   ☐ 한숨 자고 일어나기
☐ 기타

속시원히 하지 못한 말

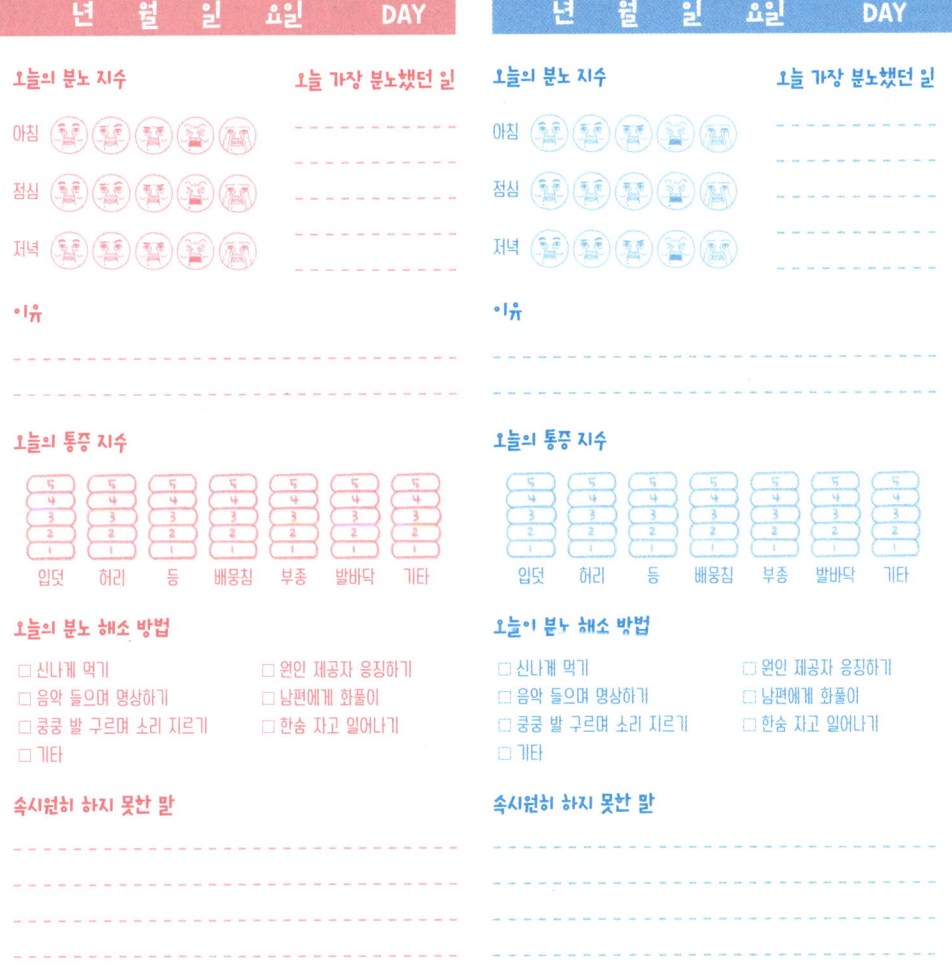

| 년 | 월 | 일 | 요일 | DAY |

오늘의 분노 지수

오늘 가장 분노했던 일

아침 😊 😠 😡 🤬 😤

점심 😊 😠 😡 🤬 😤

저녁 😊 😠 😡 🤬 😤

이유

- -

오늘의 통증 지수

5	5	5	5	5	5	5
4	4	4	4	4	4	4
3	3	3	3	3	3	3
2	2	2	2	2	2	2
1	1	1	1	1	1	1
입덧	허리	등	배뭉침	부종	발바닥	기타

오늘의 분노 해소 방법

☐ 신나게 먹기 ☐ 원인 제공자 응징하기
☐ 음악 들으며 명상하기 ☐ 남편에게 화풀이
☐ 쿵쿵 발 구르며 소리 지르기 ☐ 한숨 자고 일어나기
☐ 기타

속시원히 하지 못한 말

- -

- -

- -

| 년 | 월 | 일 | 요일 | DAY |

오늘의 분노 지수

오늘 가장 분노했던 일

아침 😊 😠 😡 🤬 😤

점심 😊 😠 😡 🤬 😤

저녁 😊 😠 😡 🤬 😤

이유

- -

오늘의 통증 지수

5	5	5	5	5	5	5
4	4	4	4	4	4	4
3	3	3	3	3	3	3
2	2	2	2	2	2	2
1	1	1	1	1	1	1
입덧	허리	등	배뭉침	부종	발바닥	기타

오늘의 분노 해소 방법

☐ 신나게 먹기 ☐ 원인 제공자 응징하기
☐ 음악 들으며 명상하기 ☐ 남편에게 화풀이
☐ 쿵쿵 발 구르며 소리 지르기 ☐ 한숨 자고 일어나기
☐ 기타

속시원히 하지 못한 말

- -

- -

- -

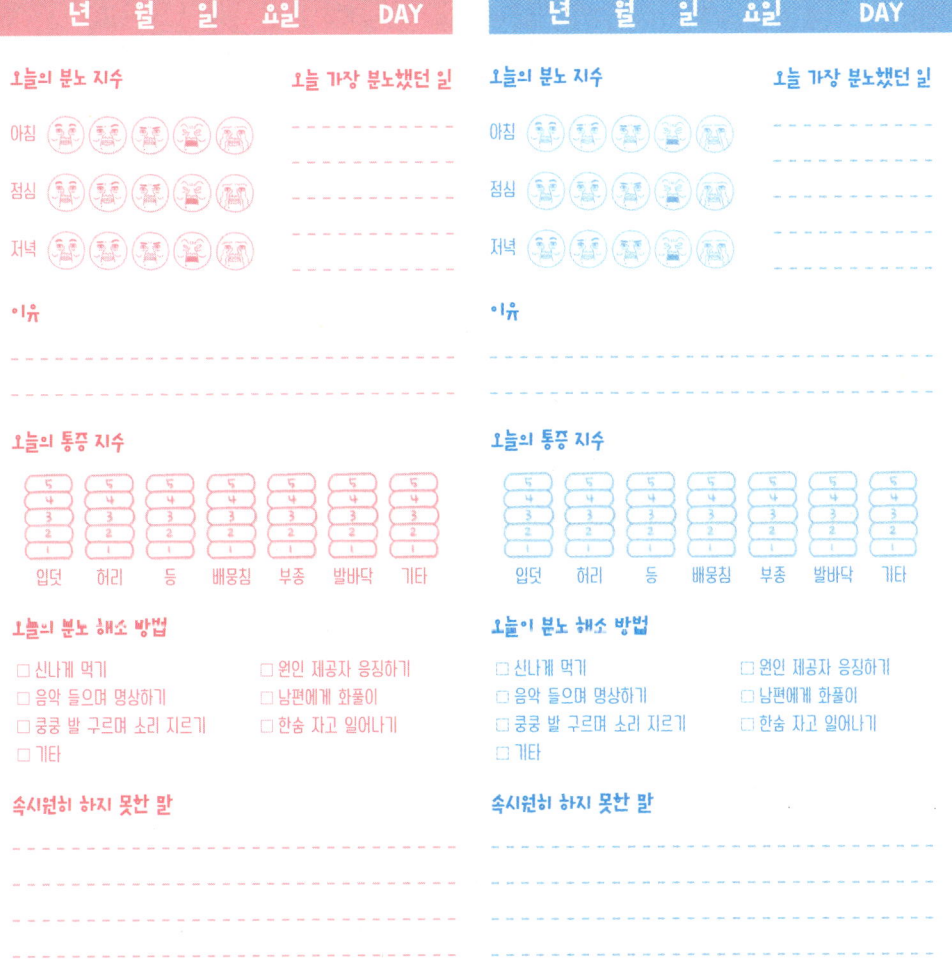

| 년 | 월 | 일 | 요일 | DAY |

오늘의 분노 지수

아침 😡 😡 😡 😡 😡

점심 😡 😡 😡 😡 😡

저녁 😡 😡 😡 😡 😡

오늘 가장 분노했던 일

- - - - - -
- - - - - -
- - - - - -

이유

- - - - - - - - - - - - - - - - - - - -
- - - - - - - - - - - - - - - - - - - -

오늘의 통증 지수

5	5	5	5	5	5	5
4	4	4	4	4	4	4
3	3	3	3	3	3	3
2	2	2	2	2	2	2
1	1	1	1	1	1	1
입덧	허리	등	배뭉침	부종	발바닥	기타

오늘의 분노 해소 방법

☐ 신나게 먹기   ☐ 원인 제공자 응징하기
☐ 음악 들으며 명상하기   ☐ 남편에게 화풀이
☐ 쿵쿵 발 구르며 소리 지르기 ☐ 한숨 자고 일어나기
☐ 기타

속시원히 하지 못한 말

- - - - - - - - - - - - - - - - - - - -
- - - - - - - - - - - - - - - - - - - -
- - - - - - - - - - - - - - - - - - - -
- - - - - - - - - - - - - - - - - - - -

| 년 | 월 | 일 | 요일 | DAY |

오늘의 분노 지수

아침 😡 😡 😡 😡 😡

점심 😡 😡 😡 😡 😡

저녁 😡 😡 😡 😡 😡

오늘 가장 분노했던 일

- - - - - -
- - - - - -
- - - - - -

이유

- - - - - - - - - - - - - - - - - - - -
- - - - - - - - - - - - - - - - - - - -

오늘의 통증 지수

5	5	5	5	5	5	5
4	4	4	4	4	4	4
3	3	3	3	3	3	3
2	2	2	2	2	2	2
1	1	1	1	1	1	1
입덧	허리	등	배뭉침	부종	발바닥	기타

오늘의 분노 해소 방법

☐ 신나게 먹기   ☐ 원인 제공자 응징하기
☐ 음악 들으며 명상하기   ☐ 남편에게 화풀이
☐ 쿵쿵 발 구르며 소리 지르기 ☐ 한숨 자고 일어나기
☐ 기타

속시원히 하지 못한 말

- - - - - - - - - - - - - - - - - - - -
- - - - - - - - - - - - - - - - - - - -
- - - - - - - - - - - - - - - - - - - -
- - - - - - - - - - - - - - - - - - - -

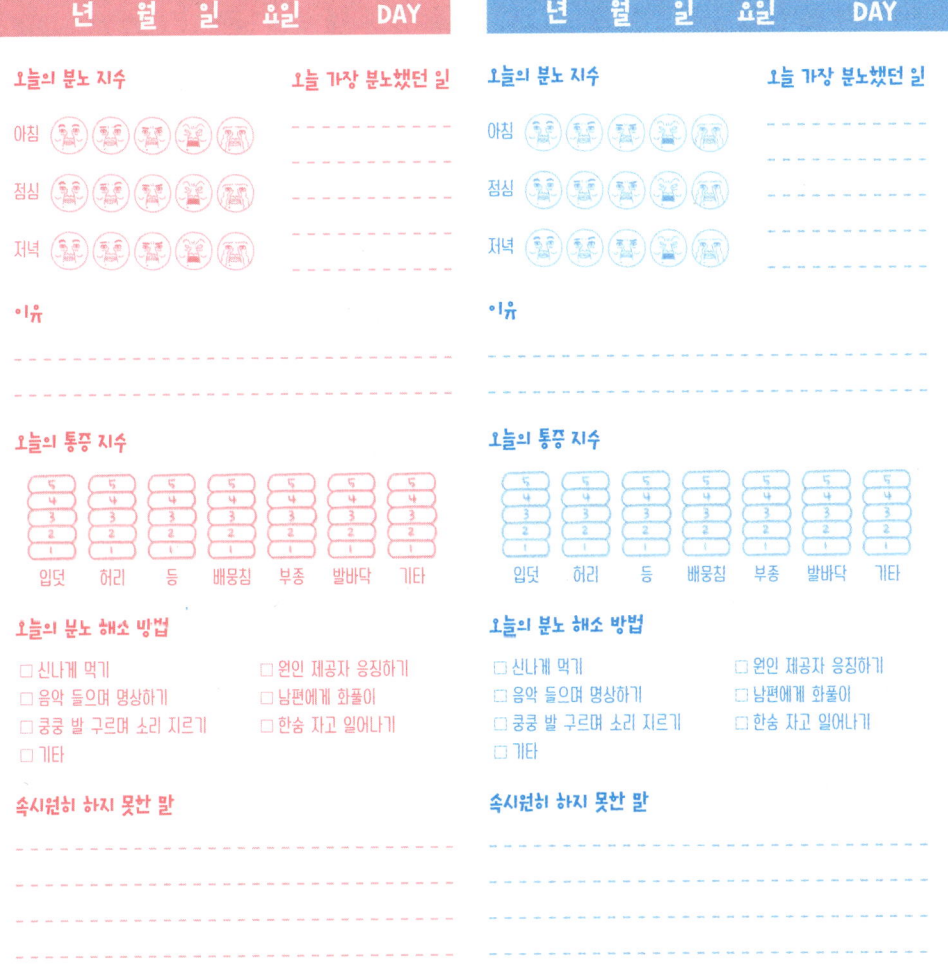

| 년 월 일 요일 DAY | 년 월 일 요일 DAY |

오늘의 분노 지수

아침 😠 😠 😠 😠 😠

점심 😠 😠 😠 😠 😠

저녁 😠 😠 😠 😠 😠

오늘 가장 분노했던 일

이유

오늘의 통증 지수

5	5	5	5	5	5	5
4	4	4	4	4	4	4
3	3	3	3	3	3	3
2	2	2	2	2	2	2
1	1	1	1	1	1	1
입덧	허리	등	배뭉침	부종	발바닥	기타

오늘의 분노 해소 방법

☐ 신나게 먹기 ☐ 원인 제공자 응징하기
☐ 음악 들으며 명상하기 ☐ 남편에게 화풀이
☐ 쿵쿵 발 구르며 소리 지르기 ☐ 한숨 자고 일어나기
☐ 기타

속시원히 하지 못한 말

오늘의 분노 지수

아침 😠 😠 😠 😠 😠

점심 😠 😠 😠 😠 😠

저녁 😠 😠 😠 😠 😠

오늘 가장 분노했던 일

이유

오늘의 통증 지수

5	5	5	5	5	5	5
4	4	4	4	4	4	4
3	3	3	3	3	3	3
2	2	2	2	2	2	2
1	1	1	1	1	1	1
입덧	허리	등	배뭉침	부종	발바닥	기타

오늘의 분노 해소 방법

☐ 신나게 먹기 ☐ 원인 제공자 응징하기
☐ 음악 들으며 명상하기 ☐ 남편에게 화풀이
☐ 쿵쿵 발 구르며 소리 지르기 ☐ 한숨 자고 일어나기
☐ 기타

속시원히 하지 못한 말

년 월 일 요일 DAY	년 월 일 요일 DAY

오늘의 분노 지수   오늘 가장 분노했던 일

아침 😠😠😠😠😠

점심 😠😠😠😠😠   --------------------

저녁 😠😠😠😠😠   --------------------

이유

오늘의 통증 지수

5	5	5	5	5	5	5
4	4	4	4	4	4	4
3	3	3	3	3	3	3
2	2	2	2	2	2	2
1	1	1	1	1	1	1
입덧	허리	등	배뭉침	부종	발바닥	기타

오늘의 분노 해소 방법

☐ 신나게 먹기   ☐ 원인 제공자 응징하기
☐ 음악 들으며 명상하기   ☐ 남편에게 화풀이
☐ 쿵쿵 발 구르며 소리 지르기 ☐ 한숨 자고 일어나기
☐ 기타

속시원히 하지 못한 말

오늘의 분노 지수   오늘 가장 분노했던 일

아침 😠😠😠😠😠

점심 😠😠😠😠😠   --------------------

저녁 😠😠😠😠😠   --------------------

이유

오늘의 통증 지수

5	5	5	5	5	5	5
4	4	4	4	4	4	4
3	3	3	3	3	3	3
2	2	2	2	2	2	2
1	1	1	1	1	1	1
입덧	허리	등	배뭉침	부종	발바닥	기타

오늘의 분노 해소 방법

☐ 신나게 먹기   ☐ 원인 제공자 응징하기
☐ 음악 들으며 명상하기   ☐ 남편에게 화풀이
☐ 쿵쿵 발 구르며 소리 지르기 ☐ 한숨 자고 일어나기
☐ 기타

속시원히 하지 못한 말

년 월 일 요일 DAY	년 월 일 요일 DAY

오늘의 분노 지수   오늘 가장 분노했던 일

아침 😠 😠 😠 😠 😠

점심 😠 😠 😠 😠 😠

저녁 😠 😠 😠 😠 😠

이유

오늘의 통증 지수

입덧	허리	등	배뭉침	부종	발바닥	기타
5 4 3 2 1	5 4 3 2 1	5 4 3 2 1	5 4 3 2 1	5 4 3 2 1	5 4 3 2 1	5 4 3 2 1

오늘의 분노 해소 방법

- ☐ 신나게 먹기
- ☐ 음악 들으며 명상하기
- ☐ 쿵쿵 발 구르며 소리 지르기
- ☐ 기타
- ☐ 원인 제공자 응징하기
- ☐ 남편에게 화풀이
- ☐ 한숨 자고 일어나기

속시원히 하지 못한 말

오늘의 분노 지수   오늘 가장 분노했던 일

아침 😠 😠 😠 😠 😠

점심 😠 😠 😠 😠 😠

저녁 😠 😠 😠 😠 😠

이유

오늘의 통증 지수

입덧	허리	등	배뭉침	부종	발바닥	기타
5 4 3 2 1	5 4 3 2 1	5 4 3 2 1	5 4 3 2 1	5 4 3 2 1	5 4 3 2 1	5 4 3 2 1

오늘의 분노 해소 방법

- ☐ 신나게 먹기
- ☐ 음악 들으며 명상하기
- ☐ 쿵쿵 발 구르며 소리 지르기
- ☐ 기타
- ☐ 원인 제공자 응징하기
- ☐ 남편에게 화풀이
- ☐ 한숨 자고 일어나기

속시원히 하지 못한 말

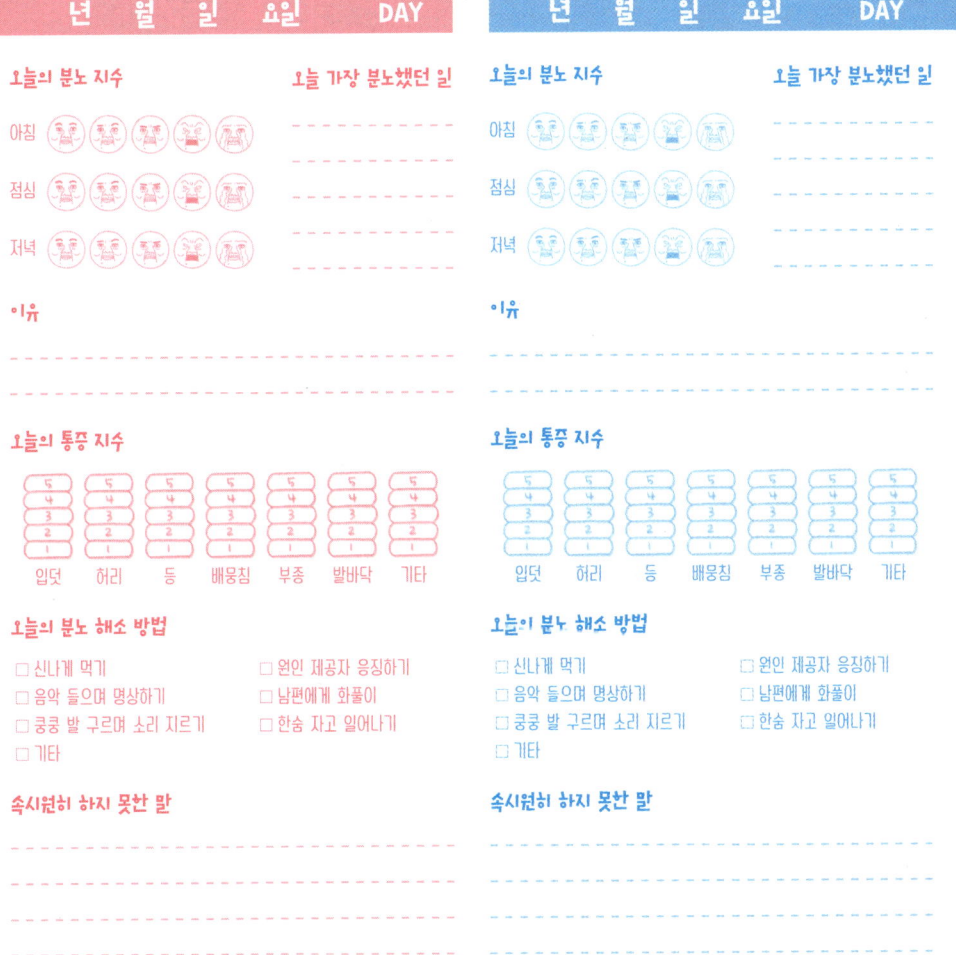

| 년 | 월 | 일 | 요일 | DAY |

오늘의 분노 지수　　　　　　　**오늘 가장 분노했던 일**

아침　😠 😠 😠 😠 😠　　- - - - - - - - - - -

점심　😠 😠 😠 😠 😠　　- - - - - - - - - - -

저녁　😠 😠 😠 😠 😠　　- - - - - - - - - - -

이유

- -

- -

오늘의 통증 지수

입덧　허리　등　배뭉침　부종　발바닥　기타

오늘의 분노 해소 방법

☐ 신나게 먹기　　　　　☐ 원인 제공자 응징하기
☐ 음악 들으며 명상하기　☐ 남편에게 화풀이
☐ 쿵쿵 발 구르며 소리 지르기　☐ 한숨 자고 일어나기
☐ 기타

속시원히 하지 못한 말

- -

- -

- -

| 년 | 월 | 일 | 요일 | DAY |

오늘의 분노 지수　　　　　　　**오늘 가장 분노했던 일**

아침　😠 😠 😠 😠 😠　　- - - - - - - - - - -

점심　😠 😠 😠 😠 😠　　- - - - - - - - - - -

저녁　😠 😠 😠 😠 😠　　- - - - - - - - - - -

이유

- -

- -

오늘의 통증 지수

입덧　허리　등　배뭉침　부종　발바닥　기타

오늘의 분노 해소 방법

☐ 신나게 먹기　　　　　☐ 원인 제공자 응징하기
☐ 음악 들으며 명상하기　☐ 남편에게 화풀이
☐ 쿵쿵 발 구르며 소리 지르기　☐ 한숨 자고 일어나기
☐ 기타

속시원히 하지 못한 말

- -

- -

- -

년 월 일 요일 DAY	년 월 일 요일 DAY

오늘의 분노 지수   오늘 가장 분노했던 일

아침 😠 😠 😠 😠 😠

점심 😠 😠 😠 😠 😠

저녁 😠 😠 😠 😠 😠

이유

오늘의 통증 지수

5	5	5	5	5	5	5
4	4	4	4	4	4	4
3	3	3	3	3	3	3
2	2	2	2	2	2	2
1	1	1	1	1	1	1
입덧	허리	등	배뭉침	부종	발바닥	기타

오늘의 분노 해소 방법

☐ 신나게 먹기   ☐ 원인 제공자 응징하기
☐ 음악 들으며 명상하기   ☐ 남편에게 화풀이
☐ 쿵쿵 발 구르며 소리 지르기   ☐ 한숨 자고 일어나기
☐ 기타

속시원히 하지 못한 말

오늘의 분노 지수   오늘 가장 분노했던 일

아침 😠 😠 😠 😠 😠

점심 😠 😠 😠 😠 😠

저녁 😠 😠 😠 😠 😠

이유

오늘의 통증 지수

5	5	5	5	5	5	5
4	4	4	4	4	4	4
3	3	3	3	3	3	3
2	2	2	2	2	2	2
1	1	1	1	1	1	1
입덧	허리	등	배뭉침	부종	발바닥	기타

오늘의 분노 해소 방법

☐ 신나게 먹기   ☐ 원인 제공자 응징하기
☐ 음악 들으며 명상하기   ☐ 남편에게 화풀이
☐ 쿵쿵 발 구르며 소리 지르기   ☐ 한숨 자고 일어나기
☐ 기타

속시원히 하지 못한 말

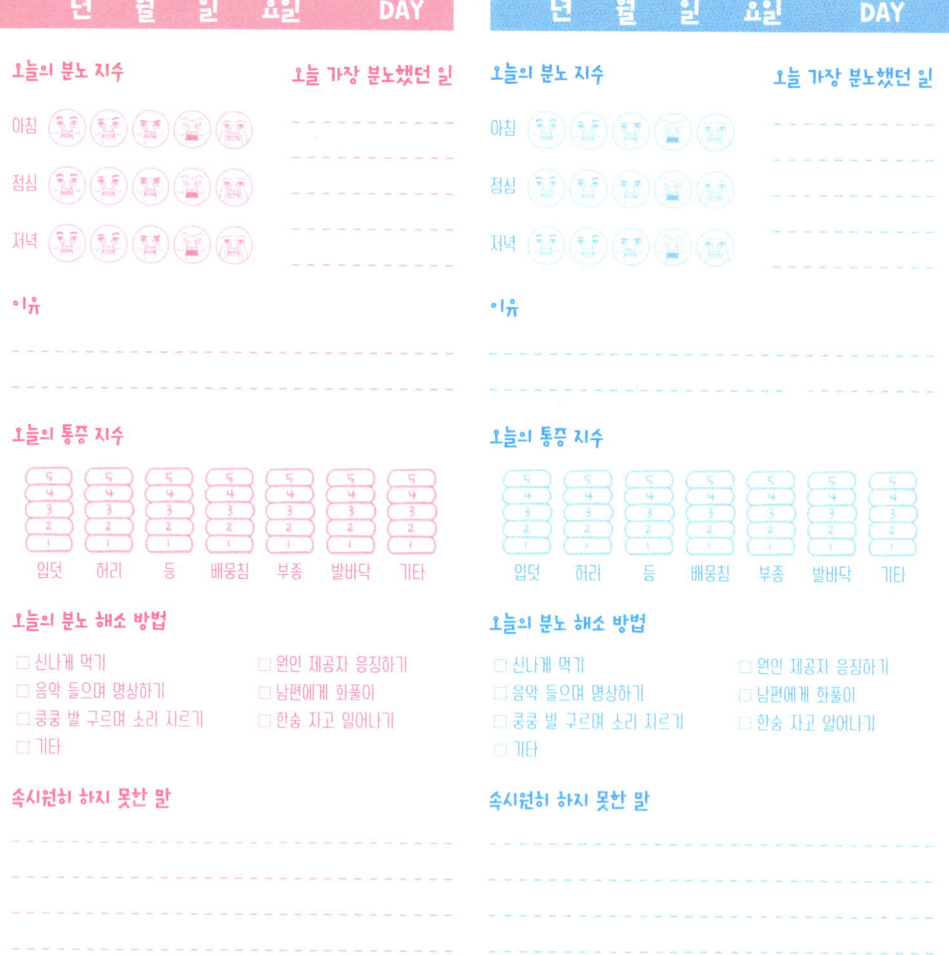

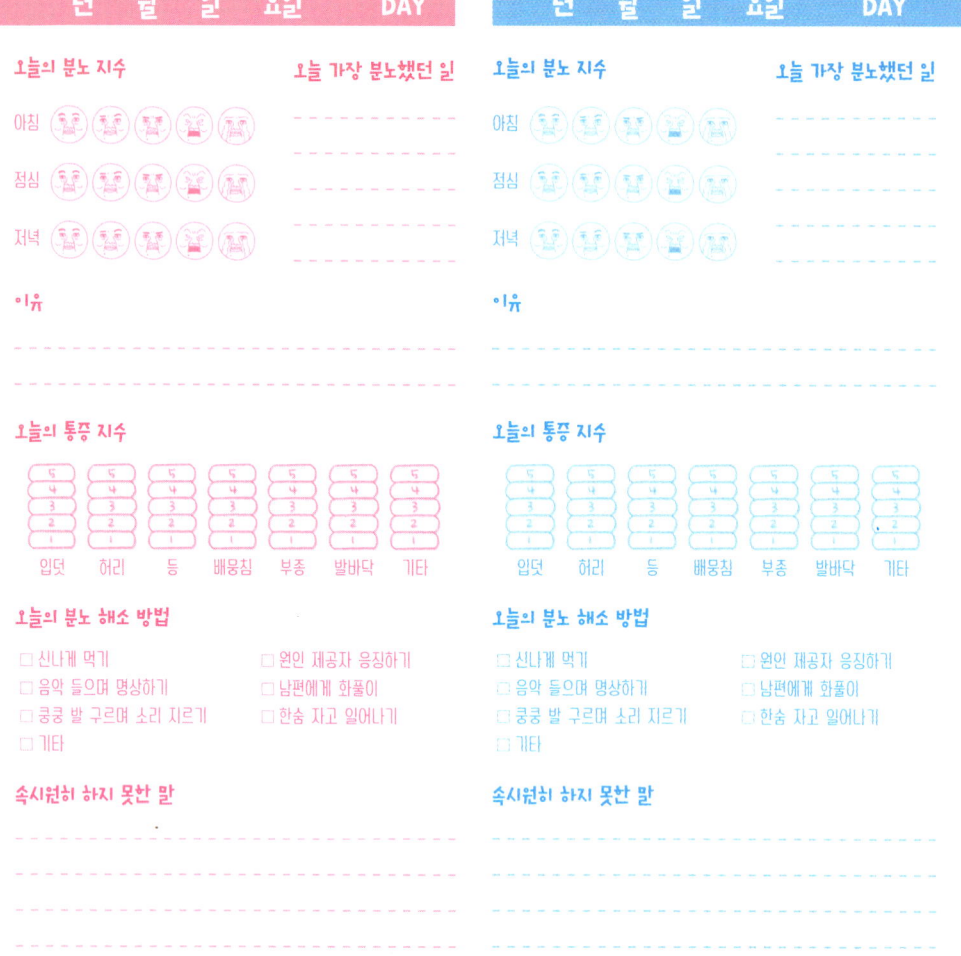

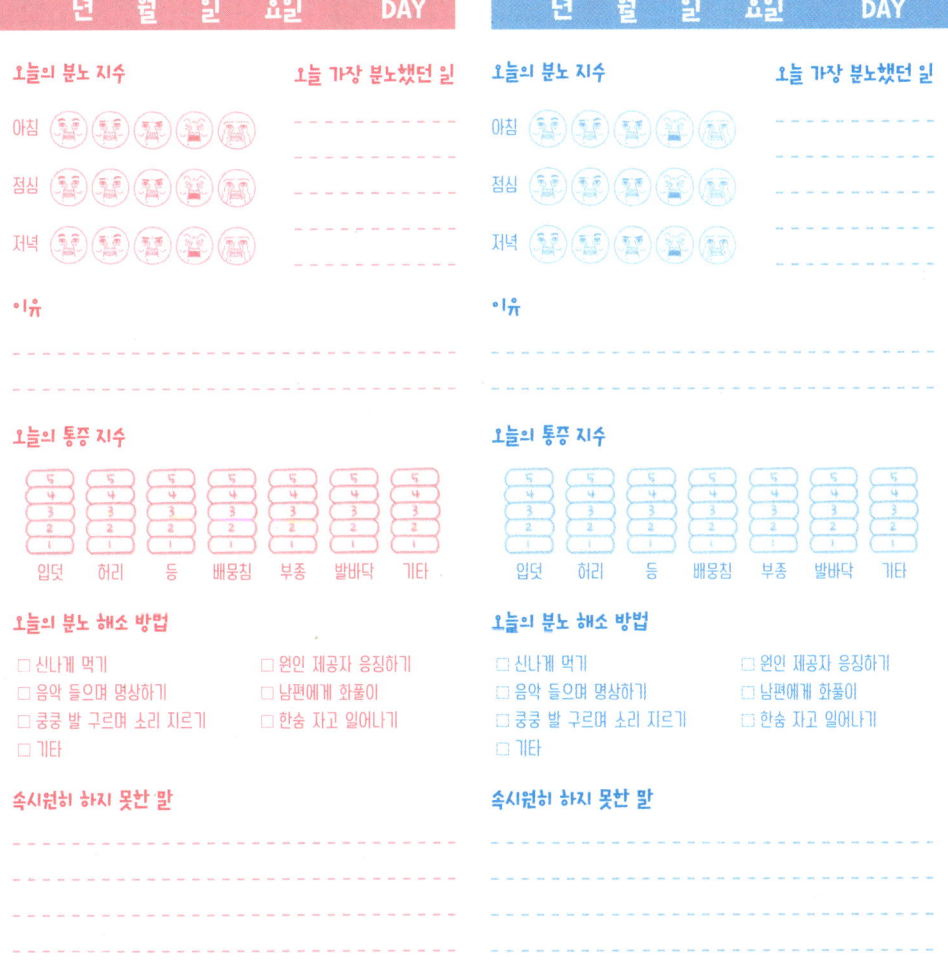

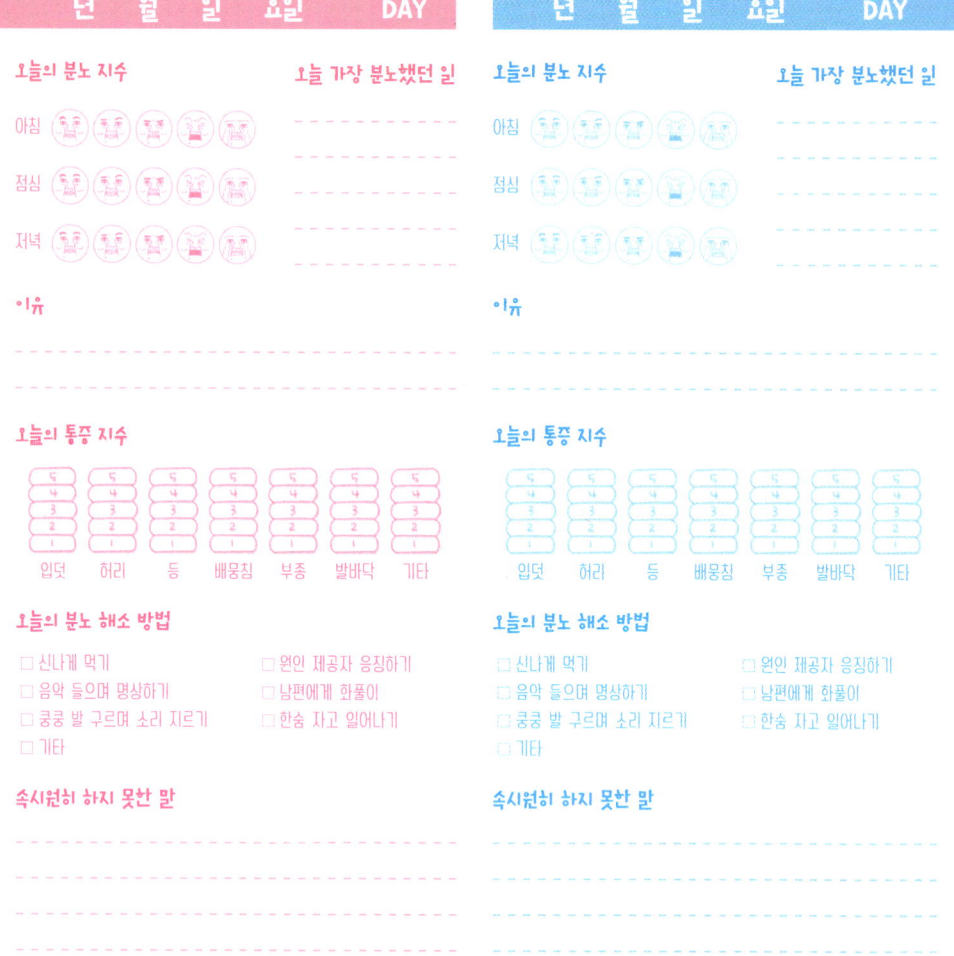

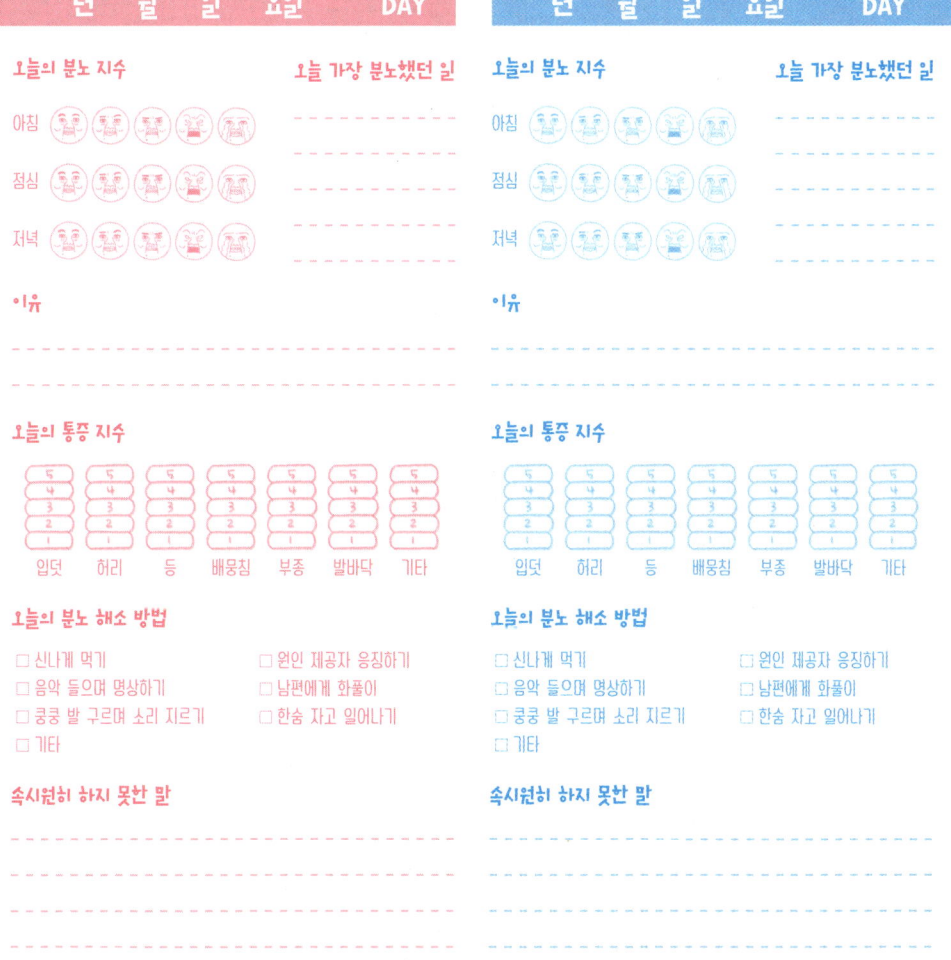

년 월 일 요일 DAY	년 월 일 요일 DAY

오늘의 분노 지수

아침 😤 😤 😤 😤 😤
점심 😤 😤 😤 😤 😤
저녁 😤 😤 😤 😤 😤

오늘 가장 분노했던 일
- - - - - - - - - - - -
- - - - - - - - - - - -
- - - - - - - - - - - -

이유
- -
- -

오늘의 통증 지수

입덧	허리	등	배뭉침	부종	발바닥	기타
5 4 3 2 1	5 4 3 2 1	5 4 3 2 1	5 4 3 2 1	5 4 3 2 1	5 4 3 2 1	5 4 3 2 1

오늘의 분노 해소 방법

☐ 신나게 먹기　　　　　☐ 원인 제공자 응징하기
☐ 음악 들으며 명상하기　☐ 남편에게 화풀이
☐ 쿵쿵 발 구르며 소리 지르기　☐ 한숨 자고 일어나기
☐ 기타

속시원히 하지 못한 말
- -
- -
- -
- -

오늘의 분노 지수

아침 😐 😐 😐 😐 😐
점심 😐 😐 😐 😐 😐
저녁 😐 😐 😐 😐 😐

오늘 가장 분노했던 일
- - - - - - - - - - - -
- - - - - - - - - - - -
- - - - - - - - - - - -

이유
- -
- -

오늘의 통증 지수

입덧	허리	등	배뭉침	부종	발바닥	기타
5 4 3 2 1	5 4 3 2 1	5 4 3 2 1	5 4 3 2 1	5 4 3 2 1	5 4 3 2 1	5 4 3 2 1

오늘의 분노 해소 방법

☐ 신나게 먹기　　　　　☐ 원인 제공자 응징하기
☐ 음악 들으며 명상하기　☐ 남편에게 화풀이
☐ 쿵쿵 발 구르며 소리 지르기　☐ 한숨 자고 일어나기
☐ 기타

속시원히 하지 못한 말
- -
- -
- -
- -

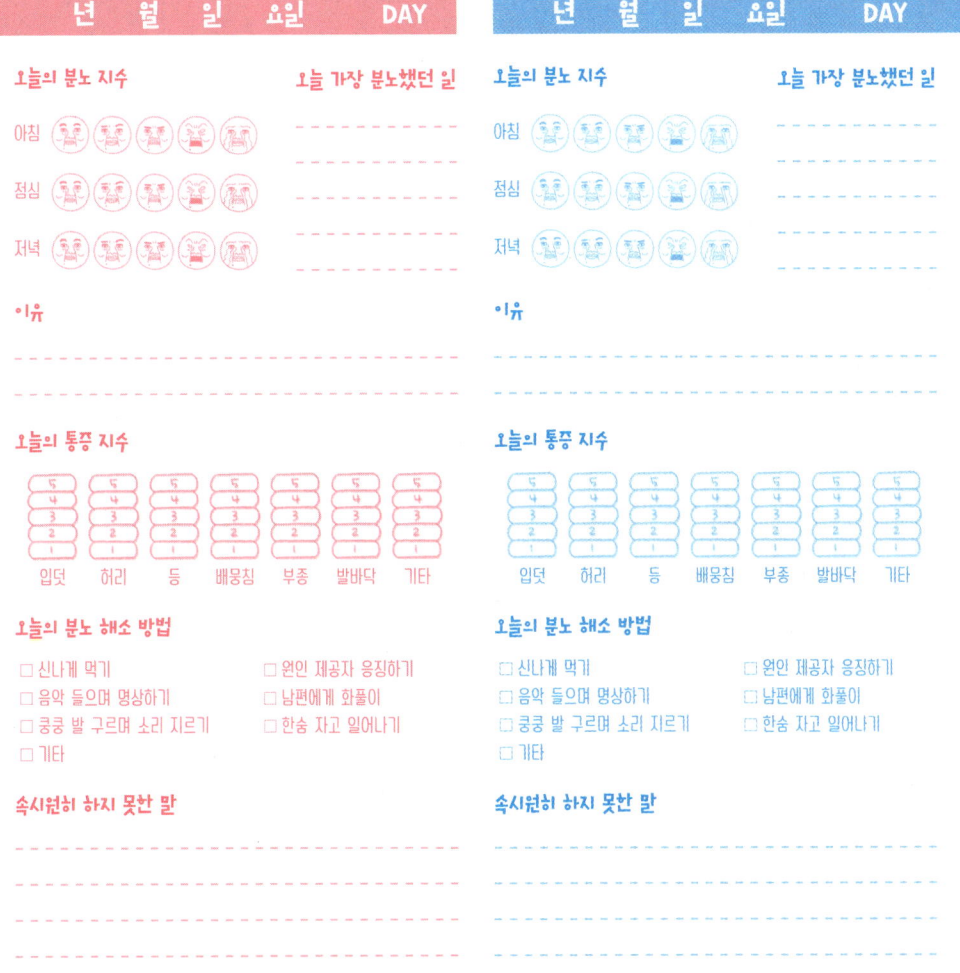

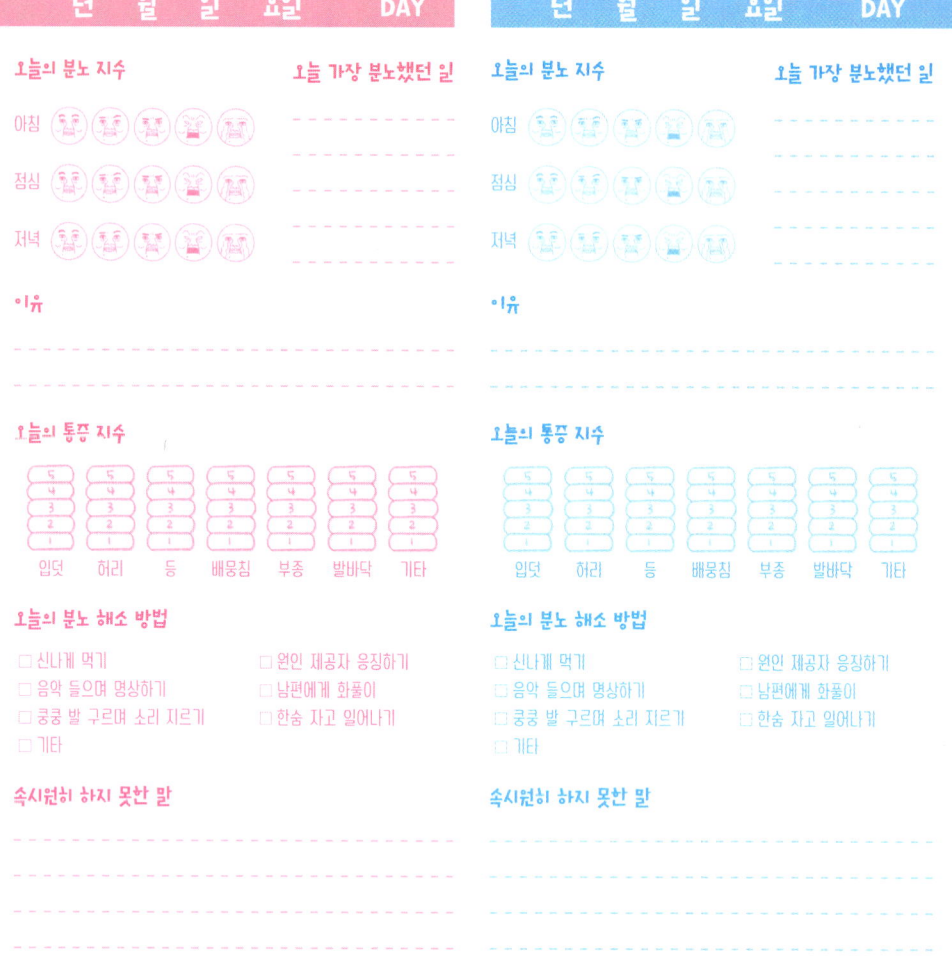

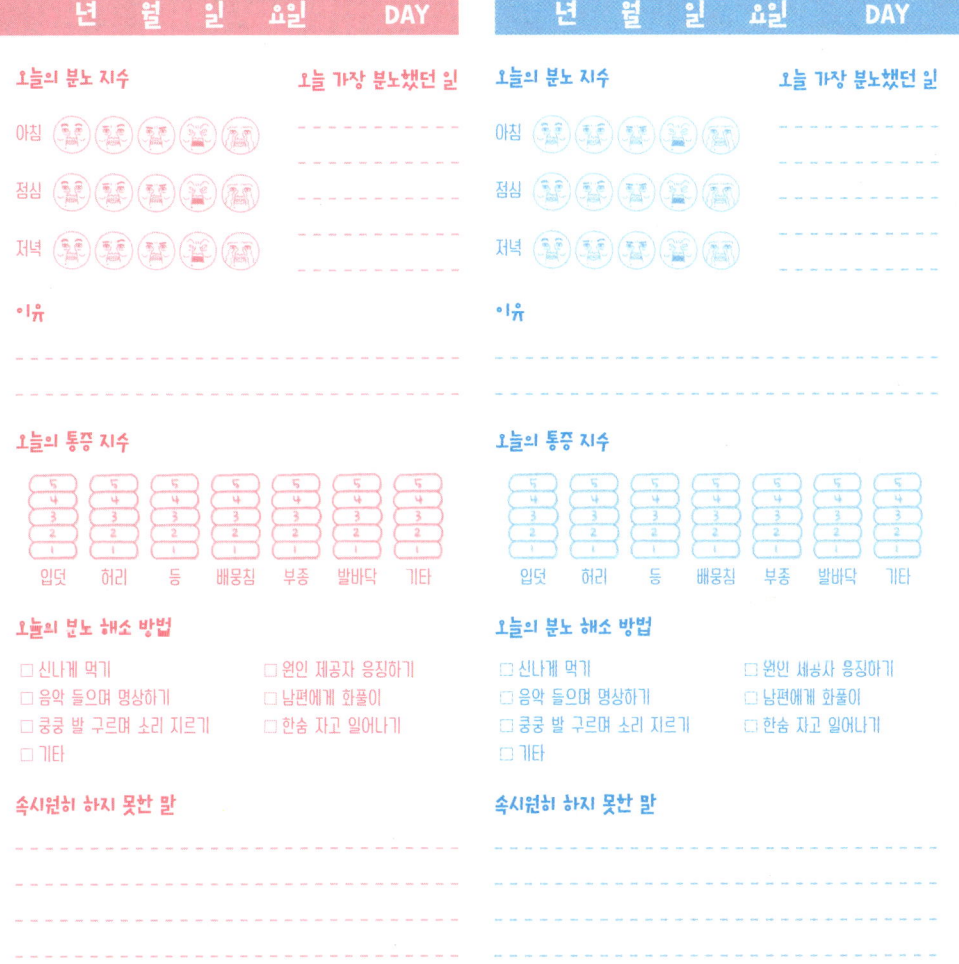

년 월 일 요일 DAY	년 월 일 요일 DAY

오늘의 분노 지수   오늘 가장 분노했던 일

아침 😠 😠 😠 😠 😠

점심 😠 😠 😠 😠 😠

저녁 😠 😠 😠 😠 😠

이유

- - - - - - - - - - - - - - - - - - - -
- - - - - - - - - - - - - - - - - - - -

오늘의 통증 지수

5	5	5	5	5	5	5
4	4	4	4	4	4	4
3	3	3	3	3	3	3
2	2	2	2	2	2	2
1	1	1	1	1	1	1
입덧	허리	등	배뭉침	부종	발바닥	기타

오늘의 분노 해소 방법

☐ 신나게 먹기   ☐ 원인 제공자 응징하기
☐ 음악 들으며 명상하기   ☐ 남편에게 화풀이
☐ 쿵쿵 발 구르며 소리 지르기   ☐ 한숨 자고 일어나기
☐ 기타

속시원히 하지 못한 말

- - - - - - - - - - - - - - - - - - - -
- - - - - - - - - - - - - - - - - - - -
- - - - - - - - - - - - - - - - - - - -

오늘의 분노 지수   오늘 가장 분노했던 일

아침 😠 😠 😠 😠 😠

점심 😠 😠 😠 😠 😠

저녁 😠 😠 😠 😠 😠

이유

- - - - - - - - - - - - - - - - - - - -
- - - - - - - - - - - - - - - - - - - -

오늘의 통증 지수

5	5	5	5	5	5	5
4	4	4	4	4	4	4
3	3	3	3	3	3	3
2	2	2	2	2	2	2
1	1	1	1	1	1	1
입덧	허리	등	배뭉침	부종	발바닥	기타

오늘의 분노 해소 방법

☐ 신나게 먹기   ☐ 원인 제공자 응징하기
☐ 음악 들으며 명상하기   ☐ 남편에게 화풀이
☐ 쿵쿵 발 구르며 소리 지르기   ☐ 한숨 자고 일어나기
☐ 기타

속시원히 하지 못한 말

- - - - - - - - - - - - - - - - - - - -
- - - - - - - - - - - - - - - - - - - -
- - - - - - - - - - - - - - - - - - - -

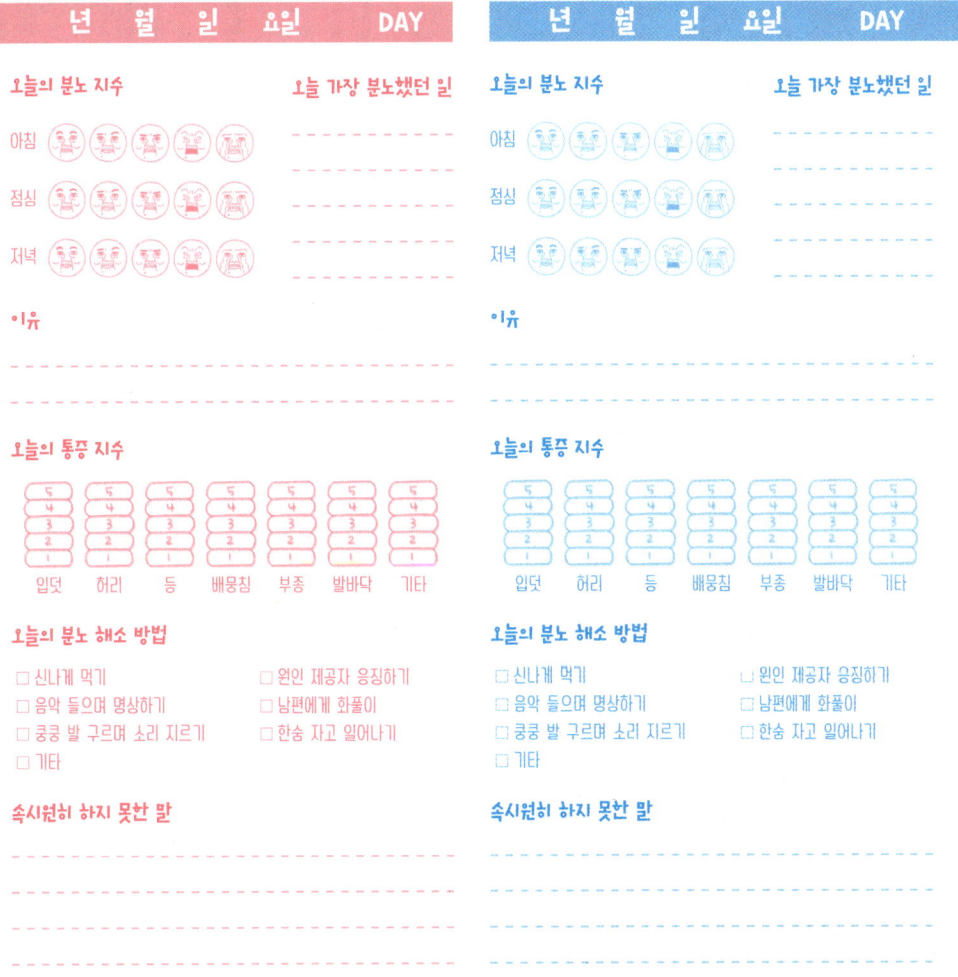

| 년 | 월 | 일 | 요일 | DAY |

오늘의 분노 지수

아침 😤 😤 😤 😤 😤

점심 😤 😤 😤 😤 😤

저녁 😤 😤 😤 😤 😤

오늘 가장 분노했던 일

이유

오늘의 통증 지수

5	5	5	5	5	5	5
4	4	4	4	4	4	4
3	3	3	3	3	3	3
2	2	2	2	2	2	2
1	1	1	1	1	1	1
입덧	허리	등	배뭉침	부종	발바닥	기타

오늘의 분노 해소 방법

☐ 신나게 먹기 ☐ 원인 제공자 응징하기
☐ 음악 들으며 명상하기 ☐ 남편에게 화풀이
☐ 쿵쿵 발 구르며 소리 지르기 ☐ 한숨 자고 일어나기
☐ 기타

속시원히 하지 못한 말

| 년 | 월 | 일 | 요일 | DAY |

오늘의 분노 지수

아침 😤 😤 😤 😤 😤

점심 😤 😤 😤 😤 😤

저녁 😤 😤 😤 😤 😤

오늘 가장 분노했던 일

이유

오늘의 통증 지수

5	5	5	5	5	5	5
4	4	4	4	4	4	4
3	3	3	3	3	3	3
2	2	2	2	2	2	2
1	1	1	1	1	1	1
입덧	허리	등	배뭉침	부종	발바닥	기타

오늘의 분노 해소 방법

☐ 신나게 먹기 ☐ 원인 제공자 응징하기
☐ 음악 들으며 명상하기 ☐ 남편에게 화풀이
☐ 쿵쿵 발 구르며 소리 지르기 ☐ 한숨 자고 일어나기
☐ 기타

속시원히 하지 못한 말

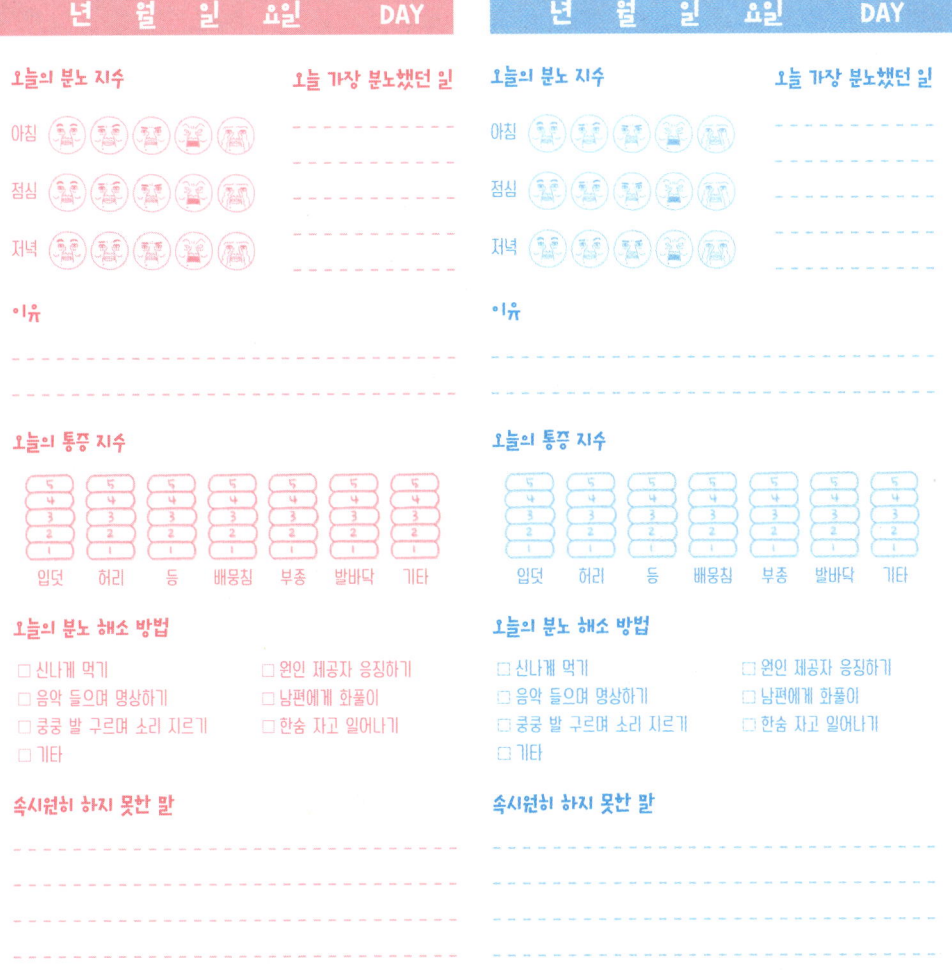

| 년 | 월 | 일 | 요일 | DAY |

오늘의 분노 지수

오늘 가장 분노했던 일

아침 😠 😠 😠 😠 😠

점심 😠 😠 😠 😠 😠

저녁 😠 😠 😠 😠 😠

이유

오늘의 통증 지수

5	5	5	5	5	5	5
4	4	4	4	4	4	4
3	3	3	3	3	3	3
2	2	2	2	2	2	2
1	1	1	1	1	1	1

입덧   허리   등   배뭉침   부종   발바닥   기타

오늘의 분노 해소 방법

☐ 신나게 먹기
☐ 음악 들으며 명상하기
☐ 쿵쿵 발 구르며 소리 지르기
☐ 기타
☐ 원인 제공자 응징하기
☐ 남편에게 화풀이
☐ 한숨 자고 일어나기

속시원히 하지 못한 말

| 년 | 월 | 일 | 요일 | DAY |

오늘의 분노 지수

오늘 가장 분노했던 일

아침 😠 😠 😠 😠 😠

점심 😠 😠 😠 😠 😠

저녁 😠 😠 😠 😠 😠

이유

오늘의 통증 지수

5	5	5	5	5	5	5
4	4	4	4	4	4	4
3	3	3	3	3	3	3
2	2	2	2	2	2	2
1	1	1	1	1	1	1

입덧   허리   등   배뭉침   부종   발바닥   기타

오늘의 분노 해소 방법

☐ 신나게 먹기
☐ 음악 들으며 명상하기
☐ 쿵쿵 발 구르며 소리 지르기
☐ 기타
☐ 원인 제공자 응징하기
☐ 남편에게 화풀이
☐ 한숨 자고 일어나기

속시원히 하지 못한 말